ロケーションとしての留学

台湾人留学生の批判的エスノグラフィー

塩入すみ◉著

生活書院

ロケーションとしての留学

——台湾人留学生の批判的エスノグラフィー

目次

序　章　ロケーションとしての留学

第1章　旅する文化

第2章　歴史・政治・対話的ロケーション

第3章　先進への憧憬

第4章　おとなしいということ――アジアのオリエンタリズムと女性性

第5章　本土経験――留学とアイデンティティ

第6章　ロケーションとしてのアジア

序章　ロケーションとしての留学

おそらく、台湾の学生にとって日本に行くのは日本の知識を学ぶためであろうし、日本の方も別の視野を提供する義務もあるわけではない。そこで如何に自覚し、日本の知的位置を省察するかは、留学生の問題であって、教師の問題ではないだろう。しかしこのことは、前述したように具体的な省察の方法が見つかっていないことを反映している。日本の学術思想界は結局、どのように旧植民地を処理しようとしているのか、自身の位置はどこにあるべきか？　旧植民地から来た学生とどのように向き合い、彼／彼女たちに何を提供すべきなのか？　また日本人の学生に対しても、どのように旧植民地の文学と思想の困難を教えようというのか？

（陳光興『脱帝国——方法としてのアジア』[1]より）

ロケーションとしての留学

本書では、ロケーション、すなわち移動による自己の位置取りについて論じていく。それは、移動する個人が民族や国家に関わるアイデンティティを形成するプロセスであると同時に、文化間、民族間、国家間における力学でもある。

多様な言語・文化圏から来日した留学生たちを教える仕事をしていると、ほとんど無意識のうちに文化間に存在する様々な力関係の不均衡に敏感になる。アジア諸国から日本に来ている留学生の中には、日本人が気付かない不均衡に対し過度に敏感になっている者も少なくない。筆者が以前東京で日本語教員の研修を始めた頃、東京大学で船舶工学を学ぶインドの留学生と言語交換をしていた。ある日一緒に街を歩いていた時、筆者は田舎の生まれなので当時飛行機が珍しく、上空を飛ぶ飛行機を見上げて「あ、飛行機。」といつものように言ったのだが、彼は怒ったように「インドにも飛行機はあります。」と言った。長い年月を経ても、この時の彼との小さなやりとりは繰り返し蘇る。

母国ではエリートであるはずのインドの留学生は、おそらく日常的に周囲の日本人の無知やアジア蔑視の言動を経験していたのではないか。彼の名前は覚えていないが、「インドの留学生」とだけ記憶している。留学生とはそういう存在である。留学した地で彼は、母国や民族を代表しているかのように認識される。日本で「インドから来ました」と自己紹介した瞬間から、彼は日本とインドの間に存在する、経済、政治、歴史といった国家間の関係や、日本人とインド人、あるいは日本人とアジア人との間の様々な非対称の意識に気付くことになる。そうした「差異に気付くこと」を女性詩人のリッチ、人類学者のクリフォードは「ロケーション」と呼ぶ[2]。

「ロケーション」(location)は、ここでは安定した「家」(home)を見つけることでもなく、共通の経験を発見することでもない。むしろそれは、具体的な状況において差異を生み出す差異に気付くことであり、「女性」「家父長制」「植民地化」といった重要な比較による知識にも、政治的行動にも欠かせない、理論的カテゴリーの構築を促進し、阻害もする「場所」あるいは「歴史」といった碑文を認識することである。したがって、「ロケーション」とは、具体的には「位置取りと出会いの繰り返し」(a series of locations and encounters) であり、多様だが限られた空間における旅である。アドリエンヌ・リッチにとって、ロケーションとは、女性であること、白人中産階級の作家であること、レズビアンであること、ユダヤ人であること、といった矛盾した付属品に動的に気付くことである[3]。

「ロケーション」という概念の背景には、差異をめぐる政治的・社会的・文化的な理論――フェミニズム、家父長制、オリエンタリズム、ポスト・コロニアリズム等が存在している。クリフォードが「ロケーション」、あるいは「旅」ということばで提示した、文化やアイデンティティに関する動的な捉え方、そして他者との間に存在する力の不均衡や非対称への意識は、やはりポストモダン・エスノグラフィーとしての批判的エスノグラフィー (Critical Ethnography) を提示したカースペッケンによる考え方とも共通する。批判的エスノグラフィーは、個人の経験とその背後にある社会・文化的システムとの関係を認識し、繋ぎ合わせる。

本書で用いている「ロケーション」は、留学という状況で自己を定義し、定義され続けること、そしてその定義付けをめぐり他者との間に可視的・不可視的に存在する不均衡・非対称といった差異に気付き、意識することを指している。留学と限定したのは、留学が歴史的に近代化及び国家の政策の重要な一部を担っていたこと、文化の先進性に対する個人の意識と深く関わっていること、そして近年日本で留学と就労の境界が急速に曖昧になりつつあるなかで、留学の意味を問いたいという理由による。

「ロケーション」が含むもう一つの意味は、エスノグラフィーの「書き手」である調査者の位置取りである。近代主義的なエスノグラフィーにおいて、調査者は対象者に対する調査者の権威を確立し維持する者であり、その関係自体に非対称が存在していた。これに対し、次章で述べるように、クリフォードの用いている「旅」という概念は、西洋中心の関係を批判し、調査者と対象者の文化を動的に捉え、両者が旅をしているように遭遇するという対等な立場を示している。調査者としての筆者と対象者としての台湾人留学生とは、教員と学生、日本人と台湾人という非対称な関係ではあるものの、筆者も学生もいずれも日本と台湾を移動し、互いの文化からの眼差しをもつ者として共通する立場に立っている。

筆者：台湾の若い人たちは小さい頃から日本のゲームや文化に影響を受けていますが、それも台湾の文化の一部ですよね。あなたも日本に留学して日本語もできるし、普通の台湾人より日本について知っているから、台湾人についての考え方も違うんでしょうか。

Ｈ　：ああ、私はどちらでもない気がします。自分が今「いったいどちらにいるのかわからない」という感じです。

筆者：私もそうですよ。十年以上台湾に住んでいるので、普通の日本人とは違う考えもあります。でも、国外での経験も悪くないでしょう。さっき台湾人の民族性って言っていたけれど、台湾人や日本人の民族性について、あなたの見方はどうですか。両方の立場に立つと衝突することはありませんか。

Ｈ：衝突はしませんが、自分がどちらでもない感じで、どちらの国の人かわからない感じです。台湾では日本の眼で見ている、そんな感じです。だから台湾に帰って来てから台湾にいるのに、小さい頃と比べて、なんというか、強烈に「自分は台湾人だ」っていう感覚がないんです。

（二〇〇五年二月一七日　台北にて[4]）

一方、カースペッケンは研究方法として、調査者と対象者の「規範・評価」に対する位置取りを重視している。調査者が対象者の規範・評価的主張に対する考えを理解するには、対象者の眼を獲得すると同時に、対象者の規範・評価がその集団全体を表しているか、あるいは調査者自身がイデオロギー的に対象者の規範的主張の中のどこに自分自身を位置付けているかを認識することである[5]。「ロケーションとしての留学」は、筆者自身の台湾人留学生の意識に対する位置取りを表してもいる。これについては本章の後半で「親日」という概念をめぐって述べている。

本書の問題と構成

本書は、調査・分析の方法としてカースペッケンによる批判的エスノグラフィーの立場に立ち、一九九〇年代以降の台湾人留学生の経験を中心に、以下の三つの問題について考えていく。

（一）台湾の大学生は日本留学中のどのような経験により、どのような「本土経験」をするか（台湾人としてのアイデンティティを形成するか）。そしてその経験はどのような社会・文化的システムと結び付いているか。
（二）台湾の大学生の留学中の経験から、日本社会のどのような規範意識を知ることができるか。
（三）八〇‐九〇年代の旧植民地から現在の日本社会に至るネオインペリアリズムを形成する歴史的・意識的要因とは何か。そこからアジアの留学生教育にどのような提言ができるか。

（一）留学と「本土経験」――台湾人アイデンティティの形成

台湾の一九九〇年代は、一九八七年の戒厳令解除後に社会全体が民主化・自由化、そして本土化（台湾化）の波に包まれた時期である。教育改革が打ち出され大学数が増加、国立大学に日本語学科が設立され、大学で日本語を学ぶ学生も増加した。当時の台湾の経済発展を背景に、留学は多様化・大衆化の時代を迎えた。筆者が当時勤務していた台湾の大学からも、毎年三〇名程度の学生が日本に一年間短期留学していた。短期留学は語学研修・異文化理解を目的としており、留学を終えて帰国後に聞く学生たちの経験は総じて楽しい話題に満ちていたが、実際に聞き取りをしてみると、彼らの多くは留学中に日本人の台湾に対する認識や、台湾のナショナリティについて考える機会を多かれ少なかれ経験していた。そして、一見その種の経験は、周囲の日本人には見えにくいようであった。

L：留学して一、二か月経った頃、（日本人の）大学生から笑える質問をされました。「台湾にテレビあるの？」って聞かれて「あるよ、もちろん」って答えたら、「ほんと？　カラーテレビ？」って。

（二〇〇五年二月一七日　台北にて）

これに類似する話は以前筆者が学生の頃にもあった。ある台湾人留学生がクリスマスに日本人の家に招かれて食事をした際、その家の主人が古いラジカセを彼女にあげようとした。彼女は婉曲に断った。正月に彼女が別の日本人の家に招かれた時も、その家の人から非常に廉価な靴下を大量にあげると言われ「台湾にもこういう靴下はたくさんありますから」と言って笑顔で断った。後で彼女は私に不愉快だったことを伝えた。「西洋人の留学生に同じことをしますか」

遡れば、植民地時代に日本に「内地」留学した台湾人留学生が「お前のお父様は人を取って食ふだらう」「お前の家には首が何個ある?」と聞かれたという話を、東京の台湾の留学生寮である高砂寮の寮長をしていた後藤朝太郎が一九二二年の手記に載せている[6]。八〇年を経ても、そして終戦を経ても、なおも継続する台湾と日本の意識の非対称は、今を生きる留学生たちの経験にも散見する。日本人の対応に台湾への「差別」「不公平」「軽視」といった否定的な意識や態度を経験した留学生はいずれの場合も黙っていたし、相手の日本人は意識していないであろう。重要なのはその差別や不公平が事実なのかということではなく、彼らが台湾人として差別されたと感じたということ、そして似たような経験が繰り返されているということである。これは、台湾人のアイデンティティの問題であり、植民地問題でもある。台湾のカルチュラル・スタディーズの理論家である陳光興は、台湾の植民地問題が日本と台湾双方に関わる問題であると述べている。それならば台湾人のアイデンティティの問題もまた、日本も関わるべき問題となる。

ただ分かっているのは、植民地問題は終わっていないということ、共同して討論の空間を押し開き、創造しなければならないということだ。台湾の植民地主体性という問題は、台湾だけのことではなく、日本のことでもある。さらに大陸中国と東アジアの思想界が一緒に思索し、そして整理しなければならない問題である。簡単に時間が経てば自然に解決されるなどとは信じられない。共に深く向き合う過程がなければ、傷口は永遠に閉じられないし、いわんや地域の平和を推し進めることもままならない[7]。

（二）留学経験と日本社会の規範意識

二つ目の問題は、留学生が知る日本社会の規範意識である。異なる社会・文化の規範意識は経験している本人もそれに気付かないことが多く、その社会・文化に対する個人的なイメージや評価に埋没していることもしばしばである。質的研究が炙り出すのはそういった無意識の意味である。

これまで台湾人の対日イメージに対する量的調査[8]において明らかになっているのは、若年層は他の年代より日本に肯定的で、そのイメージが日本の大衆文化・映像文化により形成されているということである。だが、小学生から大学生までを対象に量的調査・インタビュー調査を行った加賀美常美代他によれば、若年層の肯定的イメージは大学生になるとやや低下する傾向があることも指摘されており[9]、青年期の大学生が様々な知識を再統合して対日イメージを再構築していることがわかる。具体的にどのような経験に日本社会の規範意識が潜んでいるのか。例えば、台湾の大学生Gは、日本留学中に日本人の女子学生との交流により、日本の女性に対するそれまでの「弱くて優しい」イメージを変え、「自律している」と評価している。

G　：ゆうこはよく遊びに連れて行ってくれました。私より一つだけ年上なんですが、私よりずっと大人です。だから喧嘩もしなかったし、毎週彼女の家に行っていました。日本の若い女性はすごく自律しています。

（二〇〇四年三月二二日　台北にて）

Gが知った日本社会の規範意識は、若い女性も多様な生き方ができること、女性でも様々な社会的責任を一人で負うべきことなどであった。この評価にはそれまでの日本に対するGの意識との違いだけでなく、台湾社会での若い女性に対する規範意識が背景として存在する。

また、期待と現実との落差も、日本の規範意識に気付く契機となる。加賀美他による「日本に対する関心度の因子分析結果」の第一位には「日本人と友だちになること」が挙げられており、日本語学習や日本留学を上回る[10]。だが、実際には「日本人は親しくなるのに時間がかかる」といった現実に直面し、期待と現実の差異に気付くことで、日本での人との付き合い方に関わる、距離の保持や礼儀といった規範意識を知ることとなる。

筆者：留学する前には留学してからの目標、希望、期待などがあったと思いますが、どうでしたか。

I　：行く前は絶対にたくさん日本の友だちを作ろうって思っていました。でも、行ってみると……、一つは時間が短すぎることです。それから、実際には日本人のテリトリーに入って日本人と友だちになるのはそれほど簡単じゃないのがわかりました。

筆者：どんな時にそういう感じがしましたか。サークルとか？

Ｉ　：サークルじゃなくて、日本人と話している時とか、日本人はすごく、その……遠慮します。なんて言ったらいいかわかりませんが、若い人は特にそんな感じで、親しくなるけど一定の礼儀は守るっていうか、そんな感じで、だからすごく仲良くはなれないっていうか……。

（二〇〇四年九月二三日　台北にて）

留学生は常に日本社会と自国の社会を比較しており、その評価の中から規範意識の差異も明らかになる。例えば、人との付き合い方における「表面的／本心」「礼儀正しさ／乱暴」といった評価や、街頭の清潔感、物事の処理に対する几帳面さ、公共ルールに対する遵守、といった評価である。台湾人留学生はどのような経験により日本社会の規範意識に気付くのか。これが二つ目の問題である。

Ｘ　：去年、おととし帰った時と、今年帰った時は全然違っていました。おととしと去年は、台湾のいろいろ悪いところが目につきました。清潔でない、交通が乱れている、人の話し方が乱暴で礼儀正しくないとか。やはり日本の方がいいなと思いました。ずっと台湾と日本を比較していました。台湾はよくない、日本がいいと思っていました。だから日本に帰るのを楽しみにしてました。でも去年帰った時、台湾のいい所がたくさんあると気付き始めました。台湾人は礼儀正しくないけど、本心で人と接します。日本で困っていても誰も助けに来てくれないけど、台湾で医者に行って手続きがよくわからなかった時、何も聞かないのにみんないろいろ教えてくれました。ああ、やはり違うなと思いました。台湾人はいい加減（粗漏）だけど、本心で人と付き合います。

（二〇一八年八月二三日　熊本にて）

（三）ネオインペリアリズム形成の要因、アジアの留学生教育への提言

三つ目は、八〇‐九〇年代の旧植民地から現在の日本社会に至るネオインペリアリズムの状況と、それらを形成する歴史的・意識的な要因についてである。ここでは文献を概観し、歴史的要因とそれを支える意識として他者化による本質主義について論じる。

また、八〇‐九〇年代の旧植民地と、現在の日本各地におけるネオインペリアリズムの相違点は何かを述べ、そこから、今後のアジアの留学生教育にどのような提言ができるかを考える。

以上の三つの問題について、本書では六つの章に分けて考えていく。

第1章　旅する文化

研究方法として用いる批判的エスノグラフィーについて述べ、インタビュー調査の分析から四つの文化的スキーマ（時と場所に関わらず繰り返し出現する文化・意識の模式）（「歴史・政治・対話的ロケーション」「先進への憧憬」「おとなしいということ——アジアのオリエンタリズムと女性性」「本土経験——留学とアイデンティティ」）を抽出する。

第2章　歴史・政治・対話的ロケーション

留学生が日本で経験する様々なロケーション（差異への気付き）のうち、台湾の留学生の経験において特徴的な三つのロケーション「歴史的ロケーション――本島と内地[11]」「政治的ロケーション――台湾と中国」「対話的ロケーション――親和と距離」について述べる。

第3章　先進への憧憬

留学の歴史を概観し、台湾人が留学に求めてきた近代化による先進性から、近年のアジアにおけるライフスタイルとしての先進性への変化、台湾における日本留学事情の変化、台湾人留学生の求める個人の近代化とも言うべき「自律」概念について述べる。

第4章　おとなしいということ――アジアのオリエンタリズムと女性性

留学生の経験するアジアの女性とオリエンタリズムの問題、現代の日本社会における母性や若さに関する規範意識、台湾フェミニズムと留学について述べる。

第5章　本土経験――留学とアイデンティティ

留学生が日本で気付く台湾の国際的地位と台湾人としてのアイデンティティ、文化の尊重とアイデンティティの関わり、台湾の本土化と留学の問題、近年の台湾人アイデンティティの変化について述べる。

第6章　ロケーションとしてのアジア

最後の章では、繰り返される新たなインペリアリズムを形成する要因について文献を概観し、八〇‐九〇年代の旧植民地と現在の日本におけるネオインペリアリズムとの相違点について述べ、最後にアジアからの留学生教育への提言を述べる。

「親日」とは何か

以下では、「親日」ということばを再考しながら、筆者自身の台湾人に対するロケーション、位置取りを述べておきたい。

「親日」は他の国・地域、あるいはそこに属する人の日本に対する好意を意味し、「日本に友好的な／親近感をもっている」意を表す。英語で familiar を用いて訳される場合もあるが、pro-Japan/ pro-Japanese と訳されることが多く、pro- は「支持する／賛成する」という明確な賛否の立場を意味し、「反日」を意味する anti-Japan/ anti-Japanese と対照される。「反日」と対照される意味での「親日」は、政治的立場への賛否の意味を含み、当該の国・地域と日本との間の政治的・歴史的関係を含んだことばとなる。次の新聞記事で台湾の「親日的」と韓国・中国の「反日」とが対照された時、「親日」は俄かに政治的・歴史的意味を帯びてくる。

修学旅行で日本から台湾に行く高校生が一〇年間で約一二倍に急増し、海外の修学旅行先でアメリカを抜いてトップに立った。親日的で治安が良いうえ、地方都市の航空路線が急激に増えて利便性が高まったことが背景にあるようだ。対照的に中国や韓国への修学旅行は急減しており、外交問題が影響している可能性がある。

毎年調査している「全国修学旅行研究協会」（東京都）が二六日、二〇一六年度分のデータをまとめた。旅行先で台湾は二六二校四八七八人、アメリカ（ハワイ、グアム、サイパンを含む）は二五四校三万六六六一人だった。台湾は二〇〇六年度の三五五二人と比べ約一一・八倍となった。校数、人数とも台湾が一位になるのは初めて。同協会の木田一彦・国際担当部長は「親日的で治安も良いのが人気の理由。旅費が安価な点も大きい」と指摘する。

一方、韓国への修学旅行は二〇〇六年度二万三一九七人から二〇一六年度三二四六人と約七分の一に激減した。多くの韓国人修学旅行生が犠牲になったセウォル号事故があった二〇一四年度に半減した。中国も二〇〇六年度一万四〇三一人から二〇一六年度三三九六人と約四分の一に減った。日本政府の尖閣諸島国有化に伴う反日デモが相次いだ二〇一二年度、中国への修学旅行中止が相次いだ。私立銀河学院高（広島県福山市）は「修学旅行先は、二〇一二年に保護者から懸念の声が数多く寄せられて中国から台湾に変更して以降、毎年台湾。親日的で心配なく旅行できる」と話している。

（『毎日新聞』東京朝刊，二〇一八年一月二八日）

近年日本と韓国・中国との間には政治的に様々な摩擦が繰り返し生じ、その都度双方の国民感情が影響を受けているのに対し、台湾に対して日本人は「親日」という形容を与え続けている。丸川哲史は日本人の台湾に対するそうした意識を「粗雑な台湾観」と呼ぶ。

しかし、いまだに粗雑な台湾観が、数多く流通している傾向には、やはり危惧を禁じえない。たとえばそれは、かつての日本による植民地建設・経営が、今日の台湾が経済的に反映する基礎となっている、などといった主旨を主張する学者の存在からも窺えるものである。(こういった言説は、近年台湾の一部からも出て来ているもので、複雑でやっかいな問題である。そこには、中国〔国民党〕の影響を否認したところで、自分たちのアイデンティティーを構築しようとする意図が孕まれている。)もちろん、日本がかつて台湾において巨大なインフラを建設したことは、周知の事実である。しかし、そういったことも台湾人自身を富ませることを目的としたものではないことは、再度強調しておくべきである[12]。

台湾に対する画一的な「親日」意識は、韓国・中国に対する画一的な「反日」意識と表裏一体である。「台湾では日本統治時代に日本が建設した公共施設がその後の経済発展を促したということから、親日的な人が多い」云々という言説は日本のメディアでしばしば耳にするところであるが、丸川が指摘するようにそれらの公共施設は決して台湾人のために建てられたわけではない。

同様に、中国・韓国に対する画一的かつ否定的な意識も日本で近年定着しつつある。例えば、急成長を遂げる中国企業の日本法人の求人広告に示された技術者の給与が高額であったことについて、日本の一部メディアが「高給なのは日本の技術を手に入れたいため」などと解説していたという[13]。

一方、familiar の意味での「親日」は、しばしば「日本通」に近い意味で、文化的・商業的な文脈において用いられることも少なくない。電通が企業向け情報提供として世界二〇か国・地域(中国、香港、台湾、韓国、インド、シンガポール、タイ、インドネシア、マレーシア、ベトナム、フィリピン、オーストラリア、アメリカ、カナダ、ブラジル、イギリス、フランス、ドイツ、イタリア、ロシア）を対象に実施した「ジャパンブランド調査[14]」によると、二〇一八年「日本に対する好意度（親日度[15]）」の高い国は台湾、タイ、フィリピン、ベトナムが同率一位で、台湾は二〇一六年から順位を上げている。たしかに、この調査で用いている「日本に対する好意度（親日度）」は、日本の商品やサービスを海外展開することを目的とした調査において用いられており、日本についての興味・イメージを意味する商業的・経済的な色合いが強い。しかしながら、このような商業的色彩の強い文脈における問いであっても韓国・中国は上位には現れないことからすると、現在文化的・商業的な意味において台湾が東アジアにおいて「親日」であるということは言えるだろう。そして、もう一つ言えるのは、第3章で述べるように、こうした商業性の強い文化が、台湾だけでなくアジアにおいてアジア版近代化とも言える新たな文化を形成しているということである。このトランスナショナルな文化圏において、familiar の意味での「親日」は、商業的大衆文化の発信源としての日本に対する、アジアの若年層を中心とした認識となっている。幼少期から日本の大衆文化に囲まれて育ったアジアの若者たちにとって、日本はまさに familiar な国である。歴史と戦争、そして経済発展を経た現在のアジアにおける近代化は、商業的大衆文化と新しいライフスタイルを追求するアジア版の近代化に変容している。

日本での「親日」をめぐる意識については、台湾人による分析もなされている。洪郁如は過去の歴史に対する台湾人の従来の言説を「非批判的な語り」と呼び、九〇年代以降の日本社会における台湾の「親日」についての解釈を①日本植民地統治の正当性の証と見なすもの（「植民有理」的解釈）、②国民党統治という台湾人の戦後経験に着目するもの、③日本時代を肯定する言説により中国を牽制する戦略論的観点からの説明、④ライフコースの観点から「親日」は戦前世代のノスタルジアの表出で、日本時代の肯定により自らの半生を肯定しようとするもの、という四つに分け、②③は九〇年代以降の日本の対中意識に関わるものとして、①④を中心に分析している[16]。洪郁如の分析対象とした台湾の「親日」にはおそらくこの商業的大衆文化を媒介とした familiar の意味での「親日」は含まれていない。

ポストコロニアル研究における「親日」

日本人の「親日」意識については、ポストコロニアル研究において多くの指摘がなされている。丸川哲史は、戦後の新植民地主義的な状態での日台関係において日本が与えた「親日」というラベルについて次のように述べている。

翻って、日本は、まさに旧宗主国（旧侵略国）として、一九五〇年代から六〇年代にかけて、植民地帝国主義であった過去の記憶を忘却するとともに、かつての植民地・侵略地域に対して経済進出を展開するようになっていたと言えるだろう。戦後における日本と台湾の関係にしても、直接の政治的支配に依らないものの、経済的な従属を強いる新植民地主義的な傾向を色濃く帯びる時期が存在した。日本は一方で、かつて植民地化した側としての記憶を失っていくとともに、「親日的な台湾」という民族観を台湾の人々の上に投射し、台湾への日本企業の進出を正当化するような言説や態度を流通させていたと言える。この中には、もちろん台湾を「売春ツアー」の行き先として、台湾をエキゾティックで女性的なイメージとして取り扱い続ける男性観光客的な態度も含まれていただろう[17]。

丸川はかつての日本による植民地時代のインフラ建設が今日の台湾の経済発展の基礎となっている云々といういわゆる「植民有理」という最近の日本のメディアでしばしば登場する言説を批判する。「植民有理」については、日本社会の「親日」の問題を分析した洪郁如が次のように指摘している。

「親日台湾」は固有名詞として、「反日韓国」「反日中国」とは対極的な存在とされている。このように単純化された図式は、今日の日本社会において、歴史問題をめぐる東アジア諸国の立場を認識する枠組みとして常用されている。甚だしきに至っては、「親日台湾」を「是」として持ち出し、「反日韓国」「反日中国」の「非」(不当性)を指摘する論調まで存在する。この類の「親日台湾」の理解は、中国と韓国では物議を醸し、批判を招く結果となっている[18]。

日本の台湾に対する「親日」意識を生み出している要因の一つは丸川の指摘するような戦後の新植民地主義的状態であり、さらに遡れば、日本の敗戦のあり方と冷戦体制という歴史的・政治的状況に辿り着く。小森洋一は国際政治学者尹健次《ユンコンチャ》による戦後日本のアジア観のルーツについての指摘を引用し、日本の敗戦が軍事的敗北により他律的に行われたことが、敗戦後の日本人の精神構造に影響し、今日においても「アジア観の歪み」の一つの大きな根拠となっていると述べている。同様の指摘は、本橋哲也によってもなされている。

大日本帝国の遺産が「敗戦」によって一挙に崩壊した（ように見える）ことによって、帝国・植民地関係は長いあいだ覆い隠されてきてしまったという事実。そこに、日本と他の旧宗主国・旧植民地国との最大の違いがあり、すなわち「私たち」「日本人」のポストコロニアルな課題を問う場所と契機も存在するのだ。アジアやアフリカ、ヨーロッパのほとんどの国が、植民地からの独立運動の成果と挫折に直面し続けることによって、それに関わる出来事が起きるたびに、帝国と植民地の関係性に、好むと好まざるとにかかわらずことばと身体のレベルで踏み込まざるを得なかったのに対して、「日本人」の大多数は、脱植民地化の課題を認識しそこね、その機会を失いつづけてきたのである[19]。

本橋はさらに、敗戦のあり方のみならず、戦後の学術界における植民地統治に関する言説や学問機構の体制をめぐる論争が「隠蔽」「切断」「無視」など様々なレトリックにより封印されていることを挙げ、戦後日本人自身が学術的分野においても植民地と直接向き合ってこなかった事実を指摘している。

一方、「親日」を生み出すもう一つの要因として、台湾自身の有する歴史的経緯がある。まず、台湾が先史以来常に外来勢力の支配下にあったという歴史的背景から生まれる、時代への適応力とも言うべき歴史認識の相対化である。洪郁如は李登輝の「私は二二歳まで日本人だったのですよ[20]」という有名なことばを引用しながら、戦後国民党の世代の教育を受けた最初の世代がそれまで受けた教育の歴史イデオロギーを相対化し、徐々に歴史認識の軌道修正を行った事例が多いことを指摘している。例えば、筆者が台北で参加していた「日本語人」[21]による文芸活動では、歴史が個人の生活に凝縮され、諦念にも似た相対化が見られる作品も少なくなかった[22]。

日の丸の次に青天白日旗　（張清瑛・作／二〇〇一年六月台北川柳会句会にて）

一生に国籍二つ三国語　（呉建堂・作／李琞璋『台湾の川柳』より）

中国文・日文・英文まぜて書く孫への便り「亡羊の嘆」　（林楨慧・作／『台北歌壇』第一三一輯）

洪はまた、「親日」につながると日本人に捉えられがちな台湾人の「非批判的な語り」を生むもう一つの歴史的背景として、言語の問題等により戦前世代の植民地の記憶を次に継承するのが困難であったことを挙げている。洪の指摘するように、「親日」と捉えられがちな日本語人の世代の人々の言説には、植民地時代の台湾における差別に関するものも少なくないのであるが、日本では日本語人たちの懐古が「親日」に結び付けられ、当時の批判的な言説はあまり取り上げられてこなかった。「親日」という非対称な概念が形成された要因の一つとして、日本の敗戦のあり方と台湾の歴史的背景があるというポストコロニアル研究における指摘は、洪による「無批判な語りを安易に『親日』に結び付けて語ることは避けるべき」という主張と一致している。それは、抑圧に「抗う」被抑圧者の姿勢に対する、抑圧者の意識の問題である。一方では、被支配者である台湾人の「抗う」主体性も問題になるかもしれない。もちろん植民地時代の霧社事件や芝山巖事件のような日本に抗う行動は存在したが、その後の植民地支配の年月はあまりに長い。抗う術もないのは、遥かに残酷で長きにわたる抑圧の徹底を意味するのではないか。「台湾は親日」という言説の含む粗雑さの理由はそこにある。

「親日」ではない台湾人

「親日」ということばのもつ非対称にはもう一つ、台湾は日本人が思っているほど親日ではない、あるいは、戦後台湾がまず依頼する先はアメリカになったことを知る日本人は多くないということがある。

筆者も長い間「親日」ということばの内実をさほど真剣に問うこともなく、日本と旧植民地国、特に台湾との間の非対称性を意識したことはほとんどなかった。筆者は一九九一年八月から二〇〇五年一月までの間、途中二年ほどの帰国を挟み一一年間台湾で日本語教育に携わったが、前半の五年間は、職場では日本人の役人や企業の駐在員、日本に留学した経験のある台湾人の大学教授らに囲まれ、家では戦前早稲田大学に「内地」留学していた日本語人の台湾人家主と接するのみで、自分がいる場所がかつて植民地で自分が植民者の国から来たという意識は断片的であった。

日本の植民地支配下で中産階級以上だった世代は知識階級でもあり、台湾の戦前と戦後を支えた世代でもある。筆者の家主の老人はかつて台北市内の繁華街だった西門町の中心にあった映画館とその周辺の不動産を所有する資産家の家に生まれ、日本統治時代は早稲田大学に留学し台湾に戻ってから教員をしていたが、戦後国民党政府に不動産を没収され、その後は台北市中心部の新生南路と仁愛路の交差点近くに一軒だけ残った間口の小さな三階建てのビルの一階に住み、二、三階を日本人駐在員などに貸して生計を立てていた。彼が教養の刻み込まれた紳士的な表情のまま、大陸から来た国民党政府の兵士たちを「豚」と日本語で呼ぶ時、その穏やかな顔立ちに相応しくないことばに壮絶な歴史の傷跡を痛感した。毎日夕方、筆者が読み終えた香港から来る日本の新聞を読むために、長い階段をゆっくり上がってくる彼の足音が聞こえると、日本が彼にしたことの残酷さが押し寄せてくる。異なる民族のことばや文化を同化するということはこういうことだ。彼は死ぬまで日本語で考え続けるだろう。彼には「抗う」という発想もない。そうした世代との交流が深まるほど、「親日」ということばに覆われ、筆者自身の位置取りはできなくなっていた。

台湾に滞在した後半の六年間は台北の私立大学に勤務したが、仕事の傍ら台北にある国立大学の博士課程で教育学を学ぶ機会を得た。台湾での生活も六年を越え、中国語・台湾語にも多少慣れたその頃、大学院への入学を機にそれまでとは違う多くの「他者」と出会った。それは、反日ではないが、決して「親日」ではない人々である。

筆者の在籍した教育学の博士課程には、教育部（日本の文科省に相当する）の公務員や小中学校の校長等が多忙な仕事の合間を縫って学位を取得しに来ていた。学歴社会の台湾では、公務員、校長、事務局長など、教育関係者はいずれも高学歴が要求される。彼らはそれまで筆者の周りにいた台湾人とは異なり、英語が堪能で日本語は話せず、仕事や生活でも日本とは無縁の人が多かった。教育学部の教授たちは当時ほとんどがアメリカ留学の博士であった。当時台湾の社会科学系の大学教授はアメリカ留学経験者が圧倒的に多く、台湾の大学で学位取得した者は「土博士」（地元の博士）というやや侮蔑を含んだ名称で呼ばれていた。アメリカ帰りの教授たちの視線の先には常にアメリカがある。ある教授は授業の初日に、中国語と英語を混ぜてこう言い放った。

「我、這個人、非常 Americanized」（私という人間はすごくアメリカ化しています）

彼はいわゆる外省人[23]二世で、アメリカの名門大学で博士号を取得後、アメリカの金融界で働いていたという超エリートだ。長身で細面の顔は一目で本省人ではないとわかる。彼の授業で講読する論文はすべてアメリカの教育行政の最新論文で、彼の教えを乞う校長や官吏は少なくなかった。親日ではない人々に外省人が多いというわけでは決してない。本省人の教授でも日本語人の次の世代になるとアメリカで博士号を取った人々が多く、彼らは日本に興味がないという印象であった。それは、世代間の教育と意識の違い、戦後の高等教育事情の変化など、戦後の台湾社会の変化が齎した結果である。

台湾に行ってからそれまで「親日」の人々の中で生活してきた筆者にとって、日本語の話せない、親日ではない人々との接触は新鮮で、台湾の別の顔を見る思いだった。と同時に、ようやく等身大の自分が感じられて安堵したのを覚えている。それまでは日台の非対称な関係と親日の人々の厚意に麻痺し、膨張した自分自身に嫌悪を感じる時さえあった。台湾の別の顔を知っている日本人はどれほどいるのか。そして、日本人は誰を見て「親日」と言っているのか。親日ではない台湾の人々との接触は、筆者自身のアイデンティティを再考する契機も与えてくれた。それまでは日本を象徴する事物に感動や郷愁めいたものは感じたこともなかったが、ある日大学院の授業でアメリカ留学帰りの教授が英語交じりの中国語で、筆者に向かって笑みを浮かべて言った。

「日本の天皇は背が低いね、too short！イギリスの王室とは大違いだ」

その時自分はどう答えたのか覚えていない。教室にいた社会人の同級生たちは、筆者に気を遣いながらも教授に合わせるように小さく苦笑した。初めて自分が日本人だと意識した。台湾には多くの「親日ではない」人々がいること、戦後の台湾にとっての優先順位がまずアメリカであったことを知らされた。そこには筆者自身の「親日」という意識の非対称が存在する。

湖の一滴

博士論文を書くために、短期留学から戻った学生たちの聞き取りを始めた頃、留学経験をよい思い出とする学生が多い中で、日本への留学に対して否定的な感想をもっている学生がいると聞き、話を聞くことにした。彼（L）は日本人の西洋志向やアジア人に対する態度に敏感で、日台の非対称的な関係が引き起こす、日本人との日常のやり取りに傷ついていた。Lの語りは、一見楽しい経験と思える学生の語りのうちに潜む、民族、国家、アイデンティティの問題に気付かせてくれる契機となった。

L：(不愉快なことは) たくさんありました。はじめは日本に一種の憧れがあって日本が大好きで、それから日本は素晴らしいと思って、日本に行って日本人と触れ合いたいなとすごく思うようになりました。でも実際に触れ合ってみると、日本人の文化は僕たちが台湾でテレビや雑誌から見たもので、日本のいい面ばかりだったのだとわかりました。やはり実際に日本で日本人としばらく生活してみると、日本人の良くないところもだんだん見えてきます。それで不愉快だったのは、たぶん、……渋谷に買い物に行ってブラブラしている時とか、新宿に行った時によくあったんですが、僕の顔は彫が深いので日本人によく「どこかから来たモデル?」と聞かれて、僕が「いいえ留学生です」と言うと、「じゃあ、ハーフ?」「ハーフじゃありません」「どこから来たの?」「台湾人です」って言うと、八〇、九〇パーセントの日本人の店員は態度が親切じゃなくなります。たぶん、……差別みたいなものかなあ……。台湾でも同じような現象があります。台湾人はインドネシアやフィリピンの労働者と言ったら、……差別するような、そんな感じです。　（二〇〇五年二月一七日　台北にて）

Lは確かに他の学生より自尊意識も高く、差別に対しやや過敏になっているところもあったが、彼の経験は何か本質的なものを含んでいるように思えた。それは単にL個人の問題ではなく、東南アジア、台湾、日本、欧米といった国々や文化の間に存在する問題と直結している。

彼への聞き取りを小さな論文にまとめたが、意見を求めた日本の研究者に「彼は例外ではないのか」と言われ、筆者自身も自問自答し続けた。留学に対し彼ほど否定的な評価をする学生はそれほどいない。当時の台湾人の指導教授にその事例について相談したところ、「湖の一滴で湖全体の水の成分がわかることもある」というようなことを言われた。「柄杓の一杯も大海の一滴」というところであろうか。彼もまたアメリカで博士学位を取得し、教育社会学が専門であったが、帰国後は台湾社会の教育格差の問題に取り組んでいた。

彼の授業では批判的エスノグラフィー（Critical Ethnography）と批判的教育学（Critical Pedagogy）の理論と実践を学んだ。授業では台北市内の平溪という所にある低所得者の居住地域等に行き、子どもを取り巻く環境についてインタビュー調査を行ったりした。教授は留学を研究テーマとしていた筆者に『台灣女生留學手記』[24]（台湾女子留学生の手記）というアメリカに留学した台湾人女子学生たちの手記を勧めてくれた。それを読むと、Lは全体の代表ではないが、例外でもないと思えた。なぜなら、アメリカに留学した台湾人もLと同じことを感じていたからだ。その本からは台湾人留学生の見た九〇年代のアメリカの大学と社会、白人男性中心の価値観、アジアへの偏見、アメリカと台湾の関係、そして留学生のアイデンティティの葛藤が学生の目線で伝わってきた。

しばらくすると、全世界の人がアメリカを知っているように、他の人が台湾を知っているわけではないとわかった。一番「面白かった」のは、献血した時のことだ。

看護婦A：どこから来ましたか。
わたし　：台湾です。
看護師A：でも……ベトナムは献血の危険区域のリストに入っていますよ。
わたし　：違います。台湾です、ベトナムじゃありません。
看護師A：ああ、ごめんなさい。聞いたことがなくて。台湾は国？　ベトナムと近い？
わたし　：ええ、台湾は国です。中国の近くです。
看護師B：（厳粛な面持ちで）でも台湾は中国の一部でしょう？　中国も献血の危険区域のリストに入って

いますよ。

看護師Ａ：（申し訳なさそうに、看護師Ｂを制止しようとしながら）台湾と中国は違う二つの場所ってこと、知ってますよ。

看護師Ａ：（善意を示し、他の人たちに伝わるように）台湾は大丈夫です！（わたしの肩を叩いて）あなた（の血）は安全です！

（大頭香「聊一聊」[25]）

Ｌの経験は彼一人のものではなく、留学先の文化との関係をめぐって同じような経験をしている台湾人留学生がいた。Ｌが日本で見た景色の先には、西洋、そして東南アジアの国々が並んでいたように、アメリカに留学した「わたし」がアメリカで見たのは、アメリカを中心に序列化された、中国、ベトナム、そして台湾といったアジアの国々であった。

そして、筆者が「親日」ではない台湾人と接して知ったのは、留学という小さな個人の異文化接触という行為が二つの文化間のみの関係では収まらず、背後にある世界の国や文化の序列の中で常に「差異に気付き、位置取りをしている」（ロケーション）ということである。序列化は、経済、学術、芸術、そして個人のごく日常の生活様式に至るまで、文明（野蛮）・先進性（後進性）という基準で常に行われ続けている。

Ｌや「わたし」の見た景色は、筆者にとっても既視感があった。それはロンドンの大英博物館のホールに立って見た景色である。「西洋の至上性の意識を土台とし」「西洋の揺るぎなき中心性の内側から[26]」出現するオリエント――エジプト、中東、中国、そして遥か遠くに小さく見える極東。それらを陳列する順番を決めているのは地政学的な距離ばかりではなく、先進性という基準で東洋と西洋を分ける西洋の思考様式、オリエンタリズムである。アジア諸国にとって、特に日本にとってオリエンタリズムは、オリエントの構成員内部の階層構造の問題を含んでいる。日本人がかつて「脱亜」を唱えたように、オリエンタリズムに依拠する限り、オリエントの人々は永久にお互いを序列化し、他者を貶めねばならないのか。

「日本の天皇は背が低いね、イギリスの王室とは大違いだ」と台湾人の教授に言われた時、筆者はなぜ反論できなかったのか。「背の高さは何を意味するのか」「西洋人の外観が東洋人の外観より優れている根拠は何か」「日本の天皇をイギリスの王室と比べるのはなぜか」等々。だが、ここまで考えて頭を過るのは、カラーコンタクトを入れ「外国人風」に髪を染める日本の若者、イギリス王室の婚礼を興奮気味に報道する日本のメディア等々、欧米礼賛と留学生に指摘される日本の日常である。日本を冷笑したアメリカ帰りの台湾人の教授を非難することはできない。筆者もまた同じスケールを持っているからだ。

■注

1　陳光興『脱帝国――方法としてのアジア』丸川哲史訳、以文社、二〇一一年、p.7

2　藤田智博によればClifford（1989）のロケーションの概念はRichの一九八四年のエッセイに由来する。藤田智博「ジェイムズ・クリフォードの『旅する文化』とトランスナショナル・フェミニズム――異種混淆論からポストモダニティの分析へ――」『フォーラム現代社会学』六、二〇〇七年、pp.105-117

3　Clifford, J. Notes on Travel and Theory, *Inscriptions*, 5,1989,p.4　日本語訳は藤田智博。前掲論文を参考に筆者

が一部加筆修正。

4 以下本書で用いるインタビュー・データの詳細は第1章で示している。インタビューは基本的に中国語で行い、中国語で文字化したものを筆者が日本語訳している。

5 Kincheloe, J.L. and McLaren, P. ,Rethinking Critical Theory and Qualitative Research, in Denzin, N.K.and Lincoln, Y .S., 2000, *Handbook of qualitative research* (2nd ed.) . Thousand Oaks, CA : Sage. 日本語版、p.243-271

6 後藤朝太郎「在日留学生に就きて」仏教朝鮮協会編『朝鮮文化の研究』仏教朝鮮協会、一九二二年、p.103

7 前掲、陳光興『脱帝国――方法としてのアジア』p.10

8 公益財団法人日本台湾交流協会「台湾における対日世論調査」第一回(二〇〇八年)~第五回(二〇一六年)https://www.koryu.or.jp/business/poll/ 二〇一八年九月二九日閲覧

9 加賀美常美代・堀切友紀子・守谷智美・楊孟勳「日本への関心度と知識との関連からみる台湾の日本イメージの形成過程」加賀美常美代編著『アジア諸国の子ども・若者は日本をどのようにみているか――韓国・台湾における歴史・文化・生活にみる日本イメージ』明石書店、二〇一三年、pp.136-154

10 前掲、加賀美常美代他「日本への関心度と知識との関連からみる台湾の日本イメージの形成過程」pp.151-152

11 日本植民地支配下において支配者側は日本人を「内地人」、台湾の漢族系住民を「本島人」、先住民族を「蕃人」と呼び、「内地人」-「本島人」-「蕃人」の階級秩序を強要した。参考、若林正丈『台湾――変容し躊躇するアイデンティティ』ちくま書房、二〇〇一年、p.52-56

12 丸川哲史『台湾、ポストコロニアルの身体』青土社、二〇〇〇年、p.17

13 『毎日新聞』東京夕刊、二〇一七年七月三一日

14 二〇一八年四月二七日「日経プレスリリース」より。調査手法はインターネット調査で対象者は二〇~五九歳の男女で中間所得層以上、サンプル数は中国・アメリカ各六〇〇名、それ以外は各三〇〇名の計六〇〇〇名。

15 「日本のことが好きですか」という質問に対し五段階「とても好き・まあ好き・どちらとも言えない・あま

り好きではない・まったく好きではない」で回答したもの。

16 洪郁如「理解と和解の間――『親日台湾』と歴史記憶」『言語文化』五〇、一橋大学語学研究室、二〇一三年、pp.17-29

17 前掲、丸川哲史『台湾、ポストコロニアルの身体』p.17

18 前掲、洪郁如「理解と和解の間――『親日台湾』と歴史記憶」p.17

19 本橋哲也「ポストコロニアル――『帝国』の遺産相続人として」Young, R.J.C.（2003）日本語版、p.225

20 司馬遼太郎『台湾紀行』朝日新聞社、一九九四年、p.104

21 「日本語人」とは、若林正丈『台湾の台湾語人・中国語人・日本語人――台湾人の夢と現実』（朝日新聞社、一九九七年）で提出され、日本教育を受けた世代で日本語を母語とする台湾人を指す。

22 以下の作品はいずれも以下の資料による。柳本真理子・塩入すみ「日本統治時代の日本語教育世代による日本語文芸活動」東呉大学外国語学部国際シンポジウム口頭発表資料、二〇〇三年

23 前掲、若林正丈『台湾――変容し躊躇するアイデンティティ』によれば、法的には台湾の住民は一九四六年一月国府行政院訓令により「一九四五年一月二五日より中華民国の国籍を回復した」ものとされ、これにより中華民国国籍を回復した男性及びその子孫が本省人、それによらず中華民国国籍を所有しており台湾に居住する男性及びその子孫が外省人である。

24 台灣査某編著『台灣女生留學手記』台北：玉山社、二〇〇〇年。「査某」は台湾語で「娘」を意味する。「台灣査某」（Taiwan Women）は北米の大学に留学した台湾の女性を中心に一九九五年に設立されたグループで、ジェンダー、フェミニズムをテーマに台灣査某營（Taiwan Women Camp）を行った。

25 大頭香「聊一聊」前掲、台灣査某編著『台灣女生留學手記』pp.263-264（日本語訳は筆者による。以下、本書での同書の日本語訳はすべて筆者による）

26 Said, E.W. *Orientalism*, New York: Georges Borchardt Inc. ,1978. 日本語訳『オリエンタリズム』今沢紀子訳、平凡社、一九九三年、p.8

第1章　旅する文化

一方、我々の世代が受けたのは国民党の愛国教育で、直接的に戦乱期を経験しているわけではないから、反日は抽象的なものであった。日本統治以降のことだが、しかし台湾で育っていく中では、以前として蠢動する親日的なものの気配から逃れようもなかった。

（陳光興『脱帝国―方法としてのアジア』より）

序章では、本書が文化間の移動によるロケーション（位置取り。差異に気付くこと）という概念を用いて、個人のアイデンティティ形成のプロセスと、文化・民族・国家の間における力学について論じていくことを述べた。この章では、本書の理論的立場、インタビュー等の質的研究方法、そしてデータの詳細について述べる。

留学・アイデンティティ・質的研究

はじめに、留学という移動と、アイデンティティという個人の意識との関係を明らかにする際に質的研究を用いる妥当性について述べておきたい。批判的教育学におけるカースペッケンの著書の中国語訳を出版した鄭同僚は、質的研究を用いる時機について以下の五つの場合を挙げている[2]。（一）変項がわからない時、（二）文化のテーマがキーワードになる時、（三）研究対象の間における差異の構造が重要な時、（四）関係の発展や状況の動的なプロセスが研究の焦点になる時、（五）当該のテーマが理解されていない、或いは定説がない時。

これらのうち特に（二）（四）は本書が質的研究を採用する理由に相当する。異文化接触の様々なテーマ、そして異文化適応やアイデンティティの動的なプロセスも問題になる。また、（一）の変項についての問題も関係する。異文化適応等の心的過程を扱う研究において、要因を変項として扱う量的研究では、対象者に意識された事象を明らかにすることはできるが、無意識下の影響を見ることは難しいからである。ローゼンタールも青年期のエスニック・アイデンティティを測るためには過程志向のアプローチが必要であるとしている[3]。溝上慎一も従来の自己意識研究にみられる質問紙法や実験により被験者に自己を対象化させる方法の問題点を指摘している[4]。

質的研究の中でも、本書はカースペッケンの提出した批判的エスノグラフィーの方法を用いている。批判的エスノグラフィーはポストモダン・エスノグラフィーとして、ポストコロニアリズムとの共通点、そして脱西洋の意識という意味ではポストオリエンタリズムとの共通点をもつ。

台湾を対象とした従来のポストコロニアル研究は、近年映像作品や文学作品を用いたカルチュラル・スタディーズ、政治学の領域における研究が多数現れているが、個人の経験を扱った教育分野での質的研究は、私見ではさほど多くないようである。個人の経験と文化との関係を扱う質的研究としては、文化心理学における現象的社会理論等の方法を用いることも可能であろう。現象的社会理論は社会的相互作用のなかで個人が自分の意味世界を構築するという立場を取るが、その中心となるのは個人が社会との相互作用で構築していく「意味」である[5]という点では、カースペッケンの提出した批判的エスノグラフィーと共通している。留学生が日本社会との相互作用により構築していく意味には、それぞれの社会の歴史的・政治的背景に裏付けられた力関係の非対称が、濃淡こそあれ必ず含まれることになる。それを記述するには批判理論の視点が必要となる。

批判的エスノグラフィーと本土経験

批判的エスノグラフィーは個人のアイデンティティと社会システムとの関係を明らかにし、システムの矛盾や差異を明らかにする。鄭同僚は、「本土経験」（台湾人としてのアイデンティティに関わる経験）ということばを用いてそれを示唆している。鄭はカースペッケンの提出した批判的エスノグラフィーが、九〇年代以降の台湾教育界における本土化の問題において不足する、最も重要な「本土経験」の研究に役立つのではないかと述べている[6]。

本土化は戒厳令解除後の民主化の動きと共に広まった社会的な動きで、台湾という共同体が自らのアイデンティティを再定義しようとする動きであった。李登輝の演説で用いられた「新台湾人」というスローガン、一九九四年の教育改革における郷土教育には、国家としての統一を意識する強い政治的理念が含まれる。台湾の教育を中心に本土化を論じた山崎直也は、本土化がナショナル・アイデンティティからの脱却ではなく、ナショナル・アイデンティティの「再鋳造」であると述べている[7]が、本土化はlocalizationだけでなくnationalization（国家化）をも含む政治的な動きでもあった。なぜなら、歴史的・政治的・民族的に多重で複雑な台湾というマルチローカルな共同体を束ねるには、民族や省籍を越えた共同体のアイデンティティが必要だからである。そのため、黄俊傑が指摘するように、二〇〇〇年前後の「新台湾人意識」における「新台湾人」は「空白の主体」であり、人により様々に解釈されていた[8]。

鄭同僚の言う「本土経験」は、いわばその空白を個人の現実の経験で満たしていくもので、政治的な施策が教育的にどのような成果を上げたかの検証でもある。母語教育が実施され、歴史教科書が編纂され、子どもたちの中にはどのような台湾意識が育ったのか。また、本土化により教育現場では民族間・階級間の差異をめぐって、どのような問題が生じていたのか。筆者が調査を始めた頃、二〇〇五年前後に大学生であった台湾人は、まだ教育改革の影響が強くないことがうかがわれた。

筆者：台湾で日本について勉強してから日本に留学したわけだけど、教科書では勉強していなかったこともあったでしょう。

G　：日本の文化はたくさん学びましたが、自分の文化について全然知らないことに気付きました。台湾にどんな文化があるかわからないのは辛いです。以前勉強した歴史はみんな中国大陸のものだったので、台湾の歴史をどう紹介したらいいかわかりませんでした。
筆者：知りたい日本人は多いでしょうね。
G　：自分自身も知らないし、台湾の中で行ったことのある所も少ないです。
（二〇〇五年一月二二日　台北にて）

二〇一八年、教育改革から二〇年が経過し、台湾の大学生には郷土教育としての台湾史、母語の教育も浸透してきている。Yの発言には、台湾語への意識を通じ、中国との差異を意識した台湾人としてのアイデンティティが現れている。

筆者：小さい時に歴史の授業とか多分社会の授業で台湾って教わるじゃない？　郷土教育ってあるでしょう。どういう事を勉強した覚えがある？
Y　：原住民のこと、例えば古い閩南の建築、とりあえず多文化性かな。例えば、中国の北側の食べ物とか、南側の食べ物とか、いろんなものがあって今台湾に残ってるみたいな。中国だったらないかもしれない。歴史的な角度から見ると台湾はすごいいろんな伝統的なものが残っている島だよ、みたいな。
筆者：ほかの言語も習った？　客家語とか。
Y　：客家語は習った。私の父は客家人だから。あと台湾語とか。

筆者：お父さん客家語話せるの？

Y　：話せますね。でも家では全然話さない。いつもおばあちゃんと話す。

……（中略）……

Y　：あと、今の台湾人は台湾語があまり話せない人が多くなっている。台湾語イコールお年寄りみたいな感じ。そういうイメージがあるし。でも、おかしいのは、僕は日本に来て初めて思ったのは、僕らは中国語を話していることを当たり前としてるけど、あれは「中国語」。でも中国が嫌いなら台湾語を話すべきじゃない？　でも台湾語を話さなくて中国語を使って、話して、僕は中国が嫌い。皮肉じゃない？

筆者：矛盾してるってこと？

Y　：だから、もし本当に嫌いだったら台湾語を学べよ、みたいな。

（二〇一八年八月六日　台北にて　日本語による）

個人のアイデンティティは動的なものであるが、各世代のアイデンティティもまた時代と共に変化する。台湾人大学生の世代のアイデンティティは、九〇年代のそれと何が変わらず、何が異なるのか。その変化は社会システムとどう関係するのか。そして、「新台湾人」の空白はどう埋められたのだろうか。

規範・評価的な真理の主張

カースペッケンの提出した批判的エスノグラフィーは、批判理論、批判的教育学に位置付けられるものであるが、その特徴の一つは、批判的研究の方法論が価値志向（value orientation）ではなく、事実（fact）と価値（value）を明確に区別した批判的認識論（critical epistemology）に基づくべきであると主張したことにより、研究方法としての妥当性を高めたことである[9]。

研究の評価基準については、一般に量的研究においては妥当性、信頼性、一般化可能性が挙げられるが、批判的認識論ではデューイなどアメリカのプラグマティストの真実（truth）に対する考えとハーバーマスのコミュニケーション的行為理論における妥当性の考え方を取り入れ、「妥当性の主張」（validity claim）を三つの存在論的カテゴリー（主観、客観、規範・評価）に分類する。最終段階でシステムとの関連性を分析する際に重要になるのは「規範・評価的な真理の主張」（normative-evaluative truth claim）における行為の正しさ、善悪、適切さへの賛同などであると考えられる。例えば、以下のインタビューで、学生Bの発言からは、「有名な大学の方がいい」「日本留学の目的は学校生活以外にもある」「日本留学の目的は商業文化である」などの規範・評価が含意される。

筆者：大学の印象はどうでしたか。

B　：特にありません。日本に行きたかっただけ。国立大学とか、○○大学とか行きたかった。

筆者：留学の前は何か問題はありませんでしたか。
B　：いいえ、ただ遊びに行けるなって。うれしかった。
筆者：行ってからは？
B　：がっかりしました。
……（中略）……
筆者：（学校に）失望したのになぜ帰らないで残ったの？
B　：日本にいたかったからです。日本は学校だけというわけではないし。
筆者：学校以外に失望しない場所ってある？
B　：ありますよ、デパートが。

（二〇〇四年三月一六日　台北にて）

さらに他の教員はBが留学に対し、功利的、享楽的な規範・価値をもっていることを指摘している。

教員一：Bは象徴的なことがありましたよ。留学後に次の学年の留学説明会で話してもらったら「テニスサークルに入るといいよ、テニスサークルの男子は皆車を持ってるから」って。
教員二：Bはこんなことも言ってた。「もし台湾で彼氏がいるならすぐに」
教員一：「別れた方がいい」
教員二：日本で新しい彼氏を探してって。
教員一：彼女は自分が何をすべきかすごくわかってるね。

教員二：Bは一年で二〇〇万円以上使ったんだよ。
教員一：そうそうそう、すごいお金使ったって。
教員二：普通の学生は大体一五〇万円くらいだけどね。
教員一：普通の学生の二倍は使ったって。二〇〇万以上はすごいよね。
教員二：いろいろな活動に全部参加したって言ってた。

（二〇〇五年一月二二日　台北にて）

Bは買い物などの消費だけでなく、サークルの「活動に全部参加」したためにかなりのお金を使ったのである。実は、それは日本人の友人を作ろうという彼女なりの努力であり、「日本留学の目的は交友関係である」という規範・価値を示してもいる。

筆者：日本人は友だちを作りにくいですか。
Ｂ　：サークルで最初は歓迎してくれましたが、しばらくすると冷めて……。でもがんばって飲み会や合宿にも全部参加しました。全部参加しているとだんだん関係がよくなってきます。後半の半年になってからです。日本人の友だちがうちにも遊びに来るようになりました。

（二〇〇四年三月一六日　台北にて）

Bが個人として有名大学志向や短期留学に対する享楽的な考え方をもっていたのは事実であるが、一方で日本人との交友関係を重視し、彼女なりの方法で努力していたということも言える。B個人の規範・価値の意識の背後にあるのは、台湾社会の学歴主義や大学に対する名門志向、日本での短期留学のもつ娯楽的な性質、そして日本人・台湾人のコミュニケーションのあり方といった二つの社会における規範・評価の差異である。批判的エスノグラフィーにおいて個人と社会システムを繋ぐのは、この「規範・評価的な真理の主張」が中心となる。

客観性の担保・分析の手順

カースペッケンは研究方法としての意味の解釈に、より客観性をもたせることにも留意している。例えば、分析における意味解釈において「語用論的視界」(pragmatic horizon)と呼ばれる言語学の語用論における会話分析に近い方法を提案しているほか、「解釈の循環」(hermeneutic circle)と呼ぶプロセスにより意識的に客観性を高めることや、研究者が様々な立場に立って「間主観性」(intersubjectivity)と呼ばれる構成員の相互に共有されている意味を理解することなどを提案している。本研究では語用論的視界、解釈の循環による分析を行った。また、台北、京都でのデータ分析では台湾人及び日本人研究者によるピア・レビューを受けた。

もう一つの特徴は、認識論による分析のレベルから社会・文化システムに至る以下のような五つの段階的手順である。個人の経験に関するデータは観察から始まり、最終的にはマクロな社会理論などを用いて社会・文化のシステムと関連付けられる。

批判的質的研究の五つの段階[10]

第一段階　基礎的記録（primary record）の編集
観察、フィールドノート等モノローグ的データを収集する。
第二段階　基礎的記録の予備的な再構築分析
基礎的記録の相互の意味を「語用論的視界」により解釈する。
第三段階　対話資料（dialogical data）の産出
対象者との対話を促進し、インタビュー、ＩＰＲ[11]などを実施、分析する。
第四段階　システムとの関係性の発掘
各サイトに共通する文化的スキーマ[12]を発見する。
第五段階　研究者による発見の説明
システムの関係、社会理論を用いて、研究者による発見を説明する。

カースペッケンの方法は、意味の解釈に客観性をもたせる方法の提案、研究の段階を明示的に示している点においてグラウンデッド・セオリー・アプローチと共通するところがあるが、批判的エスノグラフィーは、個人の背後にある社会システムとの関わりを解釈していく作業が特徴と言える。そのため最終段階においては社会システムに関わる理論も必要となってくる。例えば、日本と台湾のような旧植民地との間の異文化接触とアイデンティティを問う研究においては、ポストコロニアル理論、あるいはオリエンタリズムや近代化に関する理論等が必要になってくる。

個人と社会システムの関係

先に述べた五つの研究の段階が示すように、批判的エスノグラフィーは個人と社会との関係を重視するポストモダンなエスノグラフィーとしての特徴を有しているが、特に異文化での経験を描くエスノグラフィーにおいて個人と社会・文化を結び付ける重要なものとして、文化間の差異への気付き、すなわちロケーションと、その結果としてのアイデンティティ形成が挙げられる。ナショナル・アイデンティティ、あるいはエスニック・アイデンティティという国家や民族の境界を意識する問題は異文化適応の研究において中心的な話題であるが、具体的な経験の内実、アイデンティティを形成するプロセス、出来事の詳細については、それほど議論が進んでいないのではないだろうか。青年期の留学を扱った多くの論文において、青年期の異文化経験が個人の職業選択などに長期的影響を及ぼすことは指摘されているが、留学後の量的調査などでは具体的な経験を知ることは難しい。また、個人のアイデンティティ研究は異文化間教育などの分野で社会文化的な議論もあるが、政治や歴史的背景を含んだ議論は多くない。筆者もかつて「転機」ということばで留学中の重要な出来事を対象とした考察を行った[13]が、社会・文化システムとの関わりまでは論じられなかった。

個人の経験を社会・文化システムに結び付けるのは、研究者である。質的研究において個人的トラブルを社会的な問題（issue）に結び付けるという方法を提示したデンジンは、その社会的な問題に結び付く個人的経験を「エピファニー」（epiphany: 劇的な感知）[14]という概念で表す。個人の経験をエピファニーとして社会的な問題に結び付けるのは、（解釈的）研究者である。デンジンが挙げている公的な問題はアルコール中毒やDVのように社会からの逸脱や違法性を問う社会問題であるが、異文化適応や異文化間教育、あるいはポストコロニアルの研究は、国家・文化間に存在する非対称な力関係を明らかにする。次の例はアメリカの大学に留学した台湾人女性の手記である。

台湾人と中国人の留学生は生活上行き来していたが、心の中では決して受け入れられなかった。接触しようとするときは意識的に政治の話題は避けた。私が中国人と最初に握手したのは英語のクラスだった。相手は冗談めかして言った。

「繁体字って書くの面倒じゃない？」（私たちが繁体字にしたんじゃなくて、彼らが簡体字にしたのに……）また、こんなことも言った。

「あなたたちはまだ大陸に反抗するの？」

私は淡々と答えた。

「それ、全部五〇年前に起こったことじゃない？　あなたって五〇年前の人？」

その後みんな仲良くなったが、「意識的に政治の話はしない友だち」になった。（大頭香「聊一聊」[15]より）

留学生たちがアルコール中毒患者やDV被害者と異なるのは、教室で心的な傷を負ったとしてもこの小さな問題は埋もれてしまい、類似した問題が繰り返され、類似した意識が共有され続けるということである。だが彼女の経験が文章に「書かれ」ることにより、台湾、さらには別の国の人が異文化で経験する差別の問題に結び付けられ、議論されることが可能になる。解決はそこから始まる。

旅する文化——新たな文化観

次に、批判的エスノグラフィーにおける文化観について述べておきたい。『オリエンタリズム』でサイードが批判した、近代西洋の非西洋という他者に対する表象のし方[16]は、当時のエスノグラフィーもまた同様であった[17]。それは、対象となる他者の文化を固定的で純粋なものと見なす文化観である。クリフォードは「旅する文化」(Travelling Cultures) という概念を用いて、近代主義的エスノグラフィーにおける文化の「ローカル化」と「純粋性」を批判し、文化研究に新たな視野と方法論を示した[18]。それは、グローバルで異種混淆の文化観を志向し、「国家を超えた」(transnational)、政治的・経済的・文化的な力を説明するマルチローカルなエスノグラフィーであり、世界的な移動の時代に適している。移動の意味は拡大し、若者たちは容易に国境を超えたコミュニケーションを行うことが可能になり、若年層を中心にグローバルかつ異種混淆の文化が拡大している。批判的エスノグラフィーはマルチローカルなエスノグラフィーとして、ローカル (日常的) な文化に潜む国家を超えた力を表象する[19]。

文化観はまた、文化を研究する研究者 - 対象者の関係性を含んでもいる。両者の文化がいずれも本質主義的なものではなく、グローバルな時代を反映した、複雑で混淆のものであると見なす文化観が、調査者と対象者の関係性を対等なものとする。こうした文化観は、それに属する者のアイデンティティに対しても常に変化する多様なものとみなすもので、カルチュラル・スタディーズや象徴的相互作用論における動的で多様なアイデンティティ観とも共通している[20]。

本書で扱う台湾の留学生たちが、留学により個人のエスニック、あるいはナショナル・アイデンティティを形成するという点は他国からの留学生も同様であるが、すでに台湾という社会そのものが歴史的・民族的・政治的に相当に多様でグローバルな様相を呈しており、台湾人としてのアイデンティティは本質主義的な文化観では捉えられない。このことを陳光興は台湾の歴史的経緯を現在や将来の可能性にも結び付けながら以下のように述べている。

「目下の台湾社会・台湾文化はさまざまな異なる水源地からの舶来の元素の衝突のなかではりあわされたものだということを承認して」はじめて選択的に台湾の未来を形成することができる。

それが「全体的に多元的な本土国家をあらためて建設する」ということになる[21]。

マルチローカルなエスノグラフィーは、台湾のような歴史的・政治的・文化的に多様な状況にある文化の記述方法としても相応しいと言えるだろう。

調査のサイト――台北・京都・熊本

本書の調査は台北・京都・熊本において行われたインタビュー等のデータを用いている。調査は以下の三期に分けられ、調査期間・調査の場所・調査の対象は以下のとおりである。このうち本書では、表1に挙げた留学生二五名を対象としている。

【第一期】調査期間　二〇〇三年九月―二〇〇五年二月
調査の場所　台湾　A大学
調査対象　台湾のA大学日本語学科二～四年生で、東京の提携大学Bに短期留学した学生、計二七名、留学を指導する台湾人教員二名
調査方法　観察、インタビュー調査、メール等

【第二期】調査期間　二〇〇六年四月―二〇〇七年三月
調査の場所　日本　京都のC大学
調査対象　台湾のD大学日本語学科三、四年生で、京都の提携大学Cに短期留学した学生、計一〇名
調査方法　観察、インタビュー調査、日記等

【第三期】調査期間　二〇一六年四月―二〇一八年八月
調査の場所　日本　熊本のE大学

表1　インタビュー対象者

番号	記号	性別	大学	学年	留学期間	インタビュー時	サイト	その他
1	A	女	A	4	2002/9-2003/8	2004/3/16	台北	
2	B	女	A	4	2002/9-2003/8	2004/3/16	台北	
3	C	女	A	4	2002/9-2003/3	2004/3/22	台北	
4	D	男	A	4	2002/9-2003/8	2004/4/14	台北	
5	E	女	A	4	2002/9-2003/3	2004/4/14	台北	
6	F	女	A	4	2002/9-2003/3	2004/4/14	台北	
7	G	女	A	4	2002/9-2003/8	2004/3/22 2005/1/22	台北	
8	H	女	A	4	2002/9-2003/8	2004/4/14 2005/1/22	台北	
9	I	女	A	4	2003/9-2004/8	2004/9/23 2005/1/17	台北	
10	J	女	A	4	2003/9-2004/8	2004/9/23 2005/1/17	台北	メール 日記
11	K	女	A	4	2003/9-2004/8	2005/1/17	台北	
12	L	男	A	4	2003/9-2004/8	2005/2/17	台北	
13	M	男	A	3	2004/9-2005/2	2004/ 6 /7	台北	メール
14	N	男	A	3	2004/9-2005/2	2004/ 6 /7	台北	メール
15	O	男	A	2	2004/9-2005/2	2004/ 6 /7	京都	メール
16	P	女	A	3	2004/9-2005/2	2007/1/20	京都	
17	Q	女	D	3	2006/9-2007/8	2007/1/23	京都	
18	R	女	D	4	2006/9-2007/8	2007/1/22	京都	
19	S	女	D	4	2006/9-2007/8	2007/1/26	京都	
20	T	女	D	3	2006/9-2007/8	2007/1/15	京都	
21	U	女	D	3	2006/9-2007/8	2007/1/15	京都	
22	V	女	D	3	2006/9-2007/8	2007/1/12	京都	
23	W	女	D	3	2006/9-2007/8	2007/1/16	京都	
24	X	女	E	M2	2015/4~	2018/8/23	熊本	
25	Y	男	E	4	2017/9-2018/8	2018/8/6	熊本	
1	教員	男				2005/1/22	台北	
2	教員	男				2005/1/22	台北	

調査対象　台湾のF大学非日本語学科三、四年生で、熊本の提携大学Eに短期留学した学生三名、熊本の大学院修士課程二年で台湾の留学生一名

調査方法　観察、インタビュー調査等

以下、それぞれの調査のサイトについて詳述する。

【第一期】

二〇〇三年九月より二〇〇五年二月に調査を行った台湾のA大学日本語学科は、戒厳令解除前からある日本語学科の一つである。二〇〇〇年の時点で学士課程日間部一二クラス、進修学士課程四クラスがあり、一クラス約六〇名で学科の総学生数は約一〇〇〇名、うち修士・博士課程の総学生数は約七〇名と規模も大きく、日本語教育の分野に多くの卒業生を輩出していた。筆者がこの大学に着任した一九九〇年代後半から二〇〇〇年代前半、台湾の人学の日本語学科は短期留学ブームを迎えていた。それ以前日本留学と言えば大学卒業後の公費留学など一年以上の長期留学が主流であったが、当時の台湾の経済発展、教育改革による台湾国内の大学数の増加などにより、一年以内の短期留学に人気が移り始めていた。当時A大学日本語学科は複数の日本の提携大学をもっていたが、東京近郊の大学での短期留学プログラムには毎年三〇名の定員を超える希望者がおり、学科内で選抜試験を実施するほどの人気であった。留学先のB大学は当時まだ新設の大学で国際交流に力を入れていた。大学間の教育協定下のプログラムとしては、A大学からB大学への短期留学生の派遣、B大学からA大学への日本語教育実習生

及び日本人講師の派遣などが実施されていた。

二〇〇〇年前後、筆者はA大学日本語学科で四年生の担任をしていたことから、三年生で一年間日本に留学した学生を帰国後に迎え入れ、帰国した学生たちに話を聞く機会が増えた。帰国後の彼らの留学に対する評価は肯定的な意見が多かったが、具体的に話を聞いてみると、生活や学習面での不満や予想外の出来事、帰国後のリエントリー・ショックに近い不適応などもあり、筆者のもとに相談に訪れる学生も少なくなかった。当時筆者は台湾の国立大学教育学系博士課程に在籍しており、博士論文のテーマとして留学生の適応に関する質的研究を選び、学生たちの経験について聞き取りを始めた。

調査は基本的に彼らが帰国した後に行い、属性、学習歴、母国での環境、留学の動機など基本的な項目を調べた後、留学中の経験についてインタビューを行った。一部の学生については留学前のインタビュー、留学中日本から送ってきたメール、日記、筆者の観察ノートなども参考とした。インタビューは一人一回三〇分から一時間程度で、基本的に中国語で行った。インタビューの音声データはすべて中国語で文字化した後、筆者が日本語に翻訳した。

当時毎年学生が来日する際引率していた台湾人の教員は、短期留学が長期留学と異なる点について次のように述べている。

筆者　：先生は日本に長く留学されていますね。こうした短期留学との違いは何でしょうか。
教師一：この種の短期留学と本当の留学はまったく違います。一つは年齢が低いこと。二〇歳くらいだから自己管理の能力はまだ劣っています。だから我々が宿舎を探したり履修を手伝ったり引率したり手助けが必要です。二つ目は宿舎。B大学では宿舎全部が台湾人で日本人や日本語に触れる機会が限られています。三つめは授業の内容です。日本語を二年勉強しただけでは日本人と同じ授業は難しいので、留学生だけの授業に偏ってしまいます。私の留学時代は一人の台湾人が日本人の中に入って授業を受けるという感じだったので、学習効果は随分違いがあると思います。

筆者：先生が留学した時は公費留学の試験があったと思いますが、今の短期プログラムはお金があればいけるという……あまり優秀でない学生も留学するようになりましたね。

教師一：この問題はずっと感じていました。でも、勉強するのは本来お金がかかりますから。短期留学にしても長期留学にしても。短期留学は一種の体験・経験の割合が学習の割合よりも高く、卒業後の進路を決める前の段階で日本の生活を理解し、教科書で学んだものを生活の中で応用する機会です。もちろん、優秀なのにお金の問題で留学できない人も実際には多いです。

（二〇〇五年二月　一五日　台北にて）

短期留学は長期留学とは異なり大学の授業とも言え、年齢的未熟さ、日本語学習の機会、学習効果などの面で異なっているが、その目的は学習より異文化経験に比重があり、在学中での留学は卒業後の進路選択にも影響していることなどの特徴が指摘されている。

【第二期】

二〇〇六年四月－二〇〇七年三月に調査を行ったC大学は京都にある。当時京都の私立大学の間では大学改革の波が押し寄せていたが、C大学は学部留学生の獲得については比較的慎重で、特に中国人の学部私費留学生の獲得には消極的であった。その背景には、二〇〇〇年前後に全国の私立大学で中国人留学生が失踪するという事件が相次いでいたことがある。また、この頃になると一九八三年に始まった「留学生受入れ一〇万人計画」の弊害も出始めていた。以下の新聞投稿は当時の留学生教育の質の低下を訴えている。

ここ数年、来日する外国人留学生が急増し、八三年に始まった政府の「留学生受け入れ一〇万人計画」は年内にも実現できる見込みだ。しかし、この喜ばしい目標達成とは裏腹に、一部の大学・短大では私費留学生がかかわる不祥事が多発している。偽造書類の横行、不法就労、大量失踪、強盗殺人……。「知的国際貢献」「開発途上国の人材育成」といった理念と懸け離れた、嘆かわしい実態である。（中略）そもそも「一〇万人計画」が打ち出された八〇年代初期は、中国をはじめアジアの国々が日本を近代化のモデルとしていた。来日した留学生は少数精鋭、国立・名門私立大学の大学院で専門研究を行うエリートが多かった。しかしバブル崩壊以降、日本の魅力が大幅ダウンし、アジア各国の秀才たちの視線は専らアメリカに向けられるようになった。逆に、日本国内では留学生に対する需要が増えた。少子化の影響で定員割れに悩む大学・短大が留学生の大量募集に乗り出したのである。いまや日本人学生より中国人留学生の方が多い学科・学部・大学がある。中国国内で職にあぶれた若者や海外志向組にとって、入学・査証審査の甘い日本は格好の留学先、いや出稼ぎ先だ。……（後略）。

（班偉「留学生政策　量から質へ転換を急げ」『朝日新聞』[22]より）

留学生数の拡大は弊害も齎したが、留学の大衆化には留学の機会の拡大といった肯定的な側面も存在している。特に台湾の場合はちょうどこの時期に日本への短期留学がブームとなっていた。受け入れ側のC大学にとって台湾の留学生はトラブルも少なく歓迎すべき存在であったため、積極的にD大学日本語学科との教育提携の交渉を進め、毎年日本語専攻の学生一〇名を一年間受け入れることとなった。C大学には海外の提携大学から毎年三〇名前後の短期留学生が来日しており、韓国、中国、オーストラリアからそれぞれ一、二名の交換学生のほか、韓国からD大学と同じ私費留学のプログラムで一〇名程度が半年間来日していた。短期留学生は一週間のうち四つの半日を留学生だけの必修クラスで学ぶが、他の選択の授業は比較的自由に履修することができ、留学生たちにはそれも魅力だったと言う。D大学の留学生は来日時に当時の日本語能力試験一、二級程度の日本語能力をもっており、来日後の成績も良好で学内でも評判が良かった。

C大学は留学生科目とは別に日本語教員養成課程をもち、筆者は両コースのコーディネートをしていたが、日本語教員養成課程を履修する日本人学生の何人かは大学付近の地域の青少年活動センターでボランティアの日本語教室を運営するなど、積極的に留学生と関わっていた。この日本語教室は現在も学生たちにより継続して運営されている。こうした交流活動に参加する日本人学生は、三、四年生の時にD大学の留学生と知り合い、留学生が八月に台湾に帰国した後、一〇月にD大学で行われる日本語教育実習に参加して再会することになる。留学前後の複数回接触する機会をもつことが、C大学での留学コミュニティとも言えるような組織を形成していた。D大学は他にも日本のいくつかの大学に短期留学プログラムをもっていたが、C大学への希望者が最も多かった。D大学の日本語学科の教授によれば、理由は授業料が比較的安かったこと、京都という土地の魅力もあるが、何よりも日本人と接触する機会が多いことだと言う。留学先の選択肢が複数あることが当たり前になっていた台湾の大学生にとっては、実質的な留学の「充実度」が留学先の選択の基準となっていた。彼らにとって充実度とは、日本人と接する機会が多い、日本人と交流できるということである。留学先進国とも言える台湾ではこの頃に「少数のエリートによる有名大学への留学で学位を取る」時代から「誰もが手軽に楽しめ、その国の人と交流できる」大衆化の時代へと、その方向をシフトしていた。

調査の対象は、C大学に一年間短期留学していたD大学の台湾人留学生一〇名である。調査はまず彼らが来日した直後の二〇〇六年九月に、属性、学習歴、母国での環境、留学の動機などについての調査を行い、次に、二〇〇七年一月と留学期間終了直前の七月の二回、インタビューを行った。インタビューは一人一回三〇分から一時間程度で、基本的に中国語で行った。インタビューの音声データはすべて中国語で文字化した後、日本語に翻訳した。分析にあたっては、インタビューの他、留学生の書いた日記、授業での発表資料、筆者による観察ノートなども参考にした。

【第三期】

最後に、熊本のE大学は、かつては中国人の学部私費留学生が多く在籍していたが、ここ一〇年ほどは非常に少なくなっており、留学生教育は交換留学生が中心となっている。海外の提携大学からの短期交換留学生は例年二〇名前後受け入れており、国籍は中国、韓国、台湾、ベトナム、アメリカ、カナダ、イギリス、オーストラリアなどである。Ｅ大学では外国語学部に東アジア学科があり、中国語・韓国語を学ぶ学生たちがいることから、アジア圏の留学生への関心が比較的高いことや、日本語教員養成課程の学生たちが留学生の支援に協力していることなどが特徴である。また、二〇一四年から台湾の国立政治大学日本語学科で日本語教育実習を行っている。台湾からの交換留学生は、台湾南部の大学より毎年一名の学生を受け入れているのみであったが、二〇一八年からは同じ大学による二週間から四週間の短期研修プログラムが始まった。留学はますます短期化し、限りなく観光に近い形へとシフトしている。大学院修士課程の留学生には中国人が多く、時折台湾人学生も在籍している。

調査では、二〇一六年四月-二〇一八年八月に交換留学生一名と大学院生一名を対象にインタビューを行った。インタビューは一人一回三〇分から一時間程度で、一名は日本語、一名は中国語で行った。インタビューの音声データはすべて文字化し、中国語は日本語に翻訳した。分析にあたっては、インタビューの他、カウンセリングの面談記録、留学生の書いたスピーチ原稿、筆者による日常の観察の記録なども参考にした。

文化的スキーマ

文化的スキーマの抽出は、【批判的質的研究の五つの段階】の第四段階であり、解釈的分析の最も高次の段階である。第三段階までに行ったデータ解釈の中から、「規範・評価的な真理の主張」のうち類似するものを、大きく四種の文化的スキーマ——「歴史・政治・対話的ロケーション」「先進への憧憬」

「オリエンタリズムと女性性」「本土経験――留学とアイデンティティ」に分けた。

文化的スキーマにおける「文化」は国や民族単位とは限らず、地域社会、社会階層、宗教、性、世代などに基づく共文化などがあり、国が異なっても世代間で共通する文化も存在する[23]。本書での「文化」は台湾、日本、時にアジア、若者文化などを指し、文化的スキーマは、日本社会において台湾人留学生が時代を経ても繰り返し経験する様々な差異への気付きと、その要因となる日本・台湾社会の規範・評価といった意識をも指す。さらに、これらは次の第五段階において、その背景にある社会システム――インペリアリズム、オリエンタリズムなどと関係付けられる。文化的スキーマの概要と分析の一部は、表2から表5に示す。

【歴史・政治・対話的ロケーション】

台湾人留学生による、歴史・政治・対話的な非対称や差異への気付きを指す。歴史的ロケーションでは、日本植民地支配下における台湾人の「内地」留学生の意識について、文献から概観する。政治的ロケーションは、台湾人留学生が留学先で経験する、台湾の国際社会での地位、中国との差異についての気付きを指す。対話的ロケーションは、対人コミュニケーションにおいて台湾人留学生が求める親和性と、日本人の規範・評価との差異についての気付きを指す。

表2 【歴史・政治・台湾的ロケーション】

【日本の若者の台湾に関する知識】

日本の若者の台湾・国際報道に対する無知・無関心

T　授業の課題でアンケートをした時、日本人の若い人は全然台湾のことを知らないって知った。地図の上でどこかも知らないし。若い人は台湾のことだけじゃなくて国際的なニュースを知らないなと思った。国際的なことに興味がないみたい。台湾では日本のことをすごくよく知っている。日本で何かあったら二時間後には台湾のテレビで報道されるけど、ここに来てから台湾のことをテレビで知るのは難しい。（2007/1/15 京都）

日本の若者の台湾に関する無知

L　留学して一、二か月経った頃、（日本人の）大学生から笑える質問をされました。「台湾にテレビあるの？」って聞かれて「あるよ、もちろん」って答えたら、「ほんと？ カラーテレビ？」って。（2005/2/17 台北）

【中国人・台湾人・アジア人への意識】

中国人・台湾人への差別意識

K　なんていうか、一種の民族差別（種族歧視）の感じがあるっていうか。／筆者　差別？／K　差別。

筆者　台湾人に？ 中国人（大陸人）に？／K　どっちもあります。（2005/1/27 台北）

日本人のアジア蔑視と台湾人による東南アジア蔑視

L　僕が「台湾人です」って言うと、80、90パーセントの日本人の店員は態度が親切じゃなくなります。たぶん、……差別みたいなものかなあ……。台湾でも同じような現象があります。台湾人はインドネシアやフィリピンの労働者と言ったら、……差別するような、そんな感じです。（2005/2/17 台北）

【アジアに対する意識】

中国・台湾に対する日本人の意識

L　実はたぶん、多くの人はそう思っているけど、日本の社会での価値観は欧米崇拝だから、東南アジアや中国に対しては、……そんなに……。日本に行って一番経験したのはこのことかな。（2005/2/17 台北）

【外国人への差別・差異化】

日本語がわからない者への差別

X　友だちと福岡に遊びに行った時、日本人の店員が友だちに日本語がわからないと思って嫌なことを言った。すごく怒った言い方で。友だちは全然わからなかったけど。後から私が行って日本語ができるのがわかると黙ってしまった。（2018/8/23 熊本）

外国人扱い

J　日本人は私たちを外国人扱いして、言おうとしたことを私たちがわからないだろうと思って言わないことがある。言ってみればわかるかもしれないのに、言わなかったら全然わからない。本当に不公平。すごくつらかった。（2004/9/23 台北）

【日本人のコミュニケーションの方法】

表面的・時間がかかる

Q　日本人は最初はあまり自分のことを話さないし、深い話題には入りません。だいたい当たり障りのない話題です。おしゃべりが表面的だなと思います。親しくなるまでに時間がかかります。（2007/1/23 京都）

距離感

C　日本人はみんな遠慮深くて直接には言いません。最初は外国人に対して距離感があるけど、親しくなると話し方も随分教科書とは違います。最初は聞いてもわからなかったけど、慣れてくるとわかるようになりました（2004/3/12 台北）

「進退」の方法

B　日本人と付き合うようになって思うのは、日本人特有の友人とのやりとり（進退）の方法があるってことです。

筆者　付き合い方？　台湾と違う？

B　そうです。その方法は台湾でも使えますが、親しい友人には使いません。（2004/3/16 台北）

【先進への憧憬】

「先進への憧憬」は留学する目的と動機に関わる。台湾人留学生の留学の目的や動機の大衆化・消費化の傾向、アジア社会全体における新しいライフスタイルとしての先進性、さらに「自律」といった個人の成熟に関する規範・評価にも関わる。

表3　【先進への憧憬】

【先進性・進歩への憧憬】

先進性（都会の生活・多様性）への憧憬

筆者　（日本の）魅力って何ですか。風景？／A　生活です。
B　生活です。多様で多彩で飽きません。台湾に帰ってきたら行くところがなくて、毎日パソコンばかり見ています。
筆者　日本には選択肢が多いってことかな。
B　そうです。東京駅に行くのが一番好きです。たくさんの人が見られるし、いろんなスタイルの人がいて。そんな生活がすごくいい。
筆者　たくさんの人を見るのが好きなの？／A　台北駅に行けばいいじゃない。
B　違うよ。東京駅は人が多くて、自分が「先進的」時代に生きているってすごく感じる。（2004/3/16 台北）

先進性（物・デザイン）への憧憬

筆者　今度の留学では日本語能力を上げること以外でどんな希望がありますか。
N　日本の文化をたくさん知って、たくさんの物を見に行きたいです。日本はアジアで一番進歩した国ですから、デザインなんかもすごく進んでいる（前面）し。（2004/6/7 台北）

【仕事の質】

生活の質への評価

筆者　人間関係以外では、楽しかったことはありますか。

N　そうですね。日本の生活かな……生活の質がすごくいいです。物価は高いけど生活の質が高いです。例えば住んでいた所はすごく静かだったし、電車に乗っても公園に行っても、レストランに行っても。日本人は慎重だからどんなものでも良くするので生活全体の質がすごくいいんだと思います。（2005/2/17 台北）

サービスへのプロ意識

Y　まあ、個人的な感想だけど。とりあえず、作り笑顔が上手、でもそれって悪いことではなくって、例えば、私はサービス業だから、お客様にいいイメージを持たす為に自分なりの仕事、僕もサービス業やってたから、本当に疲れてる時も、元気よく挨拶して、それが自分の仕事だと思ってるから、例えば台湾だと、自分が疲れて対応が適当になる人がほとんどだから。

筆者　特にサービスに関してね

Y　そう、そう言うポリシー持ってない人、「まあ、アルバイトだからいいや」みたいな感じ、それがほとんどだから、これがやっぱり感心することだと思います。（2018/8/6 熊本　日本語）

【成熟への憧憬】

成熟に対する考え方

G　楽しい思い出が多かったです。日本人は、ゆうこはよく遊びに連れて行ってくれました。私より一つ上なだけなのに、私よりずっと大人（成熟）なんです。だから喧嘩もしなかったし、毎週彼女の家に行っていました。日本の若い女性はすごく自律しています。（2004/3/22 台北）

自律への憧憬

M　日本の若者は自律している。ある日スーパーから出てきた時、車を運転して遊びに行く若者を見た。自分がもし彼だったらと思うと運転免許さえ取るのも難しく思えた。日本というこの大きな国一人の成人はかなりの程度自律しているはずだ。もし早く現実に向き合わなければ、そして、自分で自律して物事に向き合うようにしなければ、この社会では良い立ち位置を得ることはできないだろう。（2004/10/23　e-mail）

K　日本人や台湾人の子どもはそういう人が多いんじゃないでしょうか。両親が学費を出してくれて、両親に面倒を見てもらって。でもアメリカや国外の子どもは、しばらくアルバイトしてお金を貯めてから自分で学費を払います。だから、もっと自律しています。（2005/1/17 台北）

【オリエンタリズムと女性性】

「オリエンタリズムと女性性」は、台湾人留学生が総じて日本で「おとなしい」「いい子」と評されること、アジアの女性と留学先でのハラスメント等の現象、オリエンタリズムの意識構造との関係、女性の社会役割について台湾人留学生のもつ規範意識、そして、台湾人留学生の眼を通して明らかになる、日本社会における若さの規範化といった現象について述べる。

表4　【オリエンタリズムと女性性】

【おとなしい・いい子・我慢】

我慢して言わない

R　台湾人の性格は（嫌なことがあっても）「ああ、もういいよ、いいよ、言わないで、ちょっと我慢すれば済む」って我慢するんじゃないかな。日本人が取り合ってくれないなら、諦めてちょっと我慢すればいいって。台湾人の民族性かな。だけど韓国人は民族性がもっと強くて、何にも反応するし、ものを言いますよね。（2005/2/17 台北）

他の国の学生より言うことを聞く

K　でも、台湾の学生は他の国の学生に比べると、ほんとに「いい子」（乖）です。／筆者　そうですか。授業中？

K　台湾の学生は他の国の学生より「言うことを聞きます」（比較聴話）。（2005/1/17 台北）

【アジアの女性へのハラスメント】

日本の高齢の男性からのハラスメント

T　コインランドリーで一人のおじいさんと話してたんですが、なんかこう肩をくっつけてくるんで変だなあと思いながらおしゃべりを続けてたら、両手をこう、……びっくりして逃げました。七〇－八〇才のおじいさんですよ。ほんとに嫌な気持ちになりました。（2007/1/15 台北）

国際交流の場でのハラスメント

筆者　国際交流の場でセクハラみたいなことがあった?

X　○○にはたくさんおじいさんがいて、私はないですが見たことはあります。中国人の女の子にすごくべたべたしているのは見ました。「女性はおとなしく座っているべきだ」みたいなことを言って、お酒を勧めて手を握ったりしていて、とても不愉快でした。お酒を飲み過ぎていたんだと思いますが、担当者の人が急いで引き離していました。(2018/8/23 熊本)

【性犯罪の多い日本】

不特定の危険性

U　日本の中年の男の人はちょっと怖いです。国際会館で言語交換していた時、変な人に会いました。二、三人なんですけど、言語交換より女友達を探してるって感じでした。電話で話しただけですけど、会おうって。怖くて会えませんでした。少し前、Wはバイト先で直接手をつかまれたって。(2007/1/15 京都)

痴漢の多い国日本

P　講演会の後の宴会はよかった。この前の歓迎会よりずっとよかった。お腹いっぱいで帰る時、みんな用事があったので別々に帰った。途中で痴漢にあった。痴漢が彼の重要な部分を露出したのを見た時は呆然としたが、脚は止まらず自転車のペダルを踏み続けた。振り返らずまっすぐ帰った。自分にしっかりしてと言い続けた。寮に帰って同級生を見たら我慢できず泣き出してしまった。(2004/11/20 email 台北)

【日本の女性観】

日本の女性への先入観

K　日本の女性は、本当はすごく自律しています。海外での日本の女性の印象は優しく賢明という感じですが、実はそんな容貌の下ですごく自律しています。

筆者　どんなときそう思いましたか。

K　(日本では)若い女性も結婚した女性も、みんなRVみたいな大きな車を運転していて、必ず子どもを乗せています。台湾ではあんな大きい車を運転する女性はあんまりいません。それから、若い女子学生も一人か二人で行きたいところへ行きますし。

K　(日本の女子学生は)何でも自分でします。台湾の女子学生は私も含めて、「これは男性が手伝うのは当然のこと」って思っています。いわゆるレディー・ファーストですね。日本の女子学生はもっと自分で何でもすると考えるようですが、お嫁に行って子どもを産むと、また家庭に対してとても……日本に行って不思議だと思いました。(2005/1/17 台北)

【本土経験――留学とアイデンティティ】

台湾人留学生は、日本でどのような時にアイデンティティの揺らぎを経験するのか。台湾と中国との政治的関係・国際社会における台湾の地位に気付く時、文化への尊重を感じる時、そして新たな日本観をもった世代が現実との違いに気付く時などである。また、近年の中国との関係の変化により、若年層の台湾人アイデンティティは新たな変化を見せ始めていることにも言及する。

表5 【本土経験――留学とアイデンティティ】

【中国との関係・中国への見方】

台湾と中国の関係についての日本人の意識	
X	一度授業の後変なおじさんが入ってきて私たちが中国語を話しているのを聞いて、私たちにどこの国の人か聞いたので私が「台湾人」、友だちが「中国人」と答えるとそのおじさんが「知ってますか。台湾は中国ですよ」って言ったんです。（2018/8/23 熊本）
大陸人との考え方の違い	
J	（中国人は授業中）ずっとしゃべっていて、うるさくないと思ったら寝てるし。大陸人（大陸の中国人）だって私たちが好きじゃないと思う。考え方が違うし。私の知っている大陸人は話していて意見が合わないと「あなたたちみたいな資本主義の思想は受け入れられない」って。考えが違うから喧嘩になりやすい。（2004/9/23 台北）
大陸人の学習態度への嫌悪	
D	大陸人は試験でもカンニングするし。ほんとに不思議です。授業にも来ないし、来たら寝ているし、アルバイトばかり。先生が何か単語を言っても、絶対、絶対、辞書を引きませんし、電子辞書も買いません。携帯をずっと押してその単語を出して。そんな学習環境は本当に嫌でした。（2004/4/14 台北）

【国際社会での台湾の地位】

台湾の国際的な地位の低さ

筆者　あなただって中国語教えられるじゃない？

K　でも台湾の中国語です。今どの国でも中国語を勉強する時は……。だから台湾の中国語は歓迎されません。（2005/1/17）

Y　「正名運動」っていう、オリンピックの時に「台湾チームで参加しましょう」みたいな投票する運動があって、そのことが中国に伝わって、「じゃあ二〇一九年の大学生の運動会はやめましょう」と投票して、八カ国のうち日本だけが棄権して他の国は台湾でやらないことに賛成して、七対〇で。だから台湾人はすごく傷ついて。オリンピックの「ルールブック」に政治的な事はやっちゃあいけないとか書いてあるけどね。こういう事件イコール政治事件じゃないかな。（2018/8/6 熊本／日本語）

台湾のナショナリティ

Y　土地、人民、政府、この三つあったらまあ、一つの国って言っていいだろうと言う。まあ、小学校の教科書にも載ってる、だから今台湾は国じゃない？みたいな感じ。四番目は、他の人から見て国がどうか、その判断基準、周りがどう見てるか。だから実際自分が楽しければいいだったら国だと思うけど。外に出て「僕は台湾人ですよ」て言うと「あ、台湾島からきた島人だね」、特に深く考えてないと思うけど。やっぱ中国の中の台湾かもしれないね。みたいな。（2018/8/6 熊本／日本語）

【民族に対する意識】

台湾人ということ

Y　そう、だから「中国人じゃない？」。中国じゃなくて中華「華人」、「華人」をもし否定したら、じゃあどこからきたの？みたいな。……でも、例えば、中国の移民って言うか、負けた軍隊の子供達とか、じゃあ私のお父さんは中国人だから、今台湾人になってるけど、僕は「中華人」かな？どう言っても「中華」今台湾に住んでいる台湾人だけど、元々の祖先は中華からきてる。……中国、自分の体の中に流れる中國の血は否定しちゃあダメだと思う。（2018/8/6 熊本／日本語）

台湾人の民族性

L　欧米に留学した友人たちが言うには、向こうの人もみんな他の民族を馬鹿にしているって。そんなことを話していたら、世界の中で台湾は外国人に一番親切な（友善的）民族だなって思いました。外に出て見てわかりました。（2005/2/17 台北）

台湾語

Y　あと、今の台湾人は台湾語があまり話せない人が多くなっている。台湾語イコールお年寄りみたいな感じ。そういうイメージがあるし。でも、おかしいのは僕は日本に来て、初めて思ったのは、僕らは中国語を話していることを当たり前としてるけど、あれは「中国語」。でも中国が嫌いなら台湾語を話すべきじゃない？でも台湾語を話さなくて中国語を使って、話して、僕は中国が嫌い。皮肉じゃない？（2018/8/6 熊本／日本語）

以上、本章では、本書の理論的立場、インタビュー等の研究方法、データの詳細、そして次章から論じていく四つのトピックである文化的スキーマについて述べた。

■注

1 陳光興「日本語版へのまえがき——蠢動する植民の亡霊」『脱帝国——方法としてのアジア』丸川哲史訳、以文社、二〇一一年、p.7（底本『去帝国—亜洲作為方法』台北：行人出版）

2 鄭同僚、政治大学教育学研究所講義要綱、二〇〇二年

3 Rosenthal, D.A., Ethnic Identity Development in Adolescents, In Phinney, J.S. and Rotheram, M.(eds)1987,pp.32-55

4 溝上慎一「アイデンティティ概念に必要な同定確認(identity)の主体的行為——実証的アイデンティティ研究の再検討」梶田叡一編『自己意識研究の現在』ナカニシヤ出版、二〇〇二年、pp.1-28

5 箕浦康子「文化心理学における『意味』」柏木惠子・北山忍・東洋編『文化心理学——理論と実証』東京大学出版会、一九九七年、pp.44-63

6 鄭同僚「審訂序」(Foreword to the Chinese edition) Carspecken,P.F., *Critical Ethnography in Educational Research; A Theoretical and Practical Guide*,N.Y.:Routoledge,1996 中国語訳『教育研究的批判民俗誌：理論與實務指南』鄭同僚審訂、台北：高等教育出版、二〇〇三年

7 山崎直也『戦後台湾教育とナショナル・アイデンティティ』東信堂、二〇〇九年、p.10

8 黄俊傑『台湾意識と台湾文化——台湾におけるアイデンティティーの歴史的変遷』東方書店、二〇〇八年、pp.4-37

9 Kincheloe,J.L. and McLaren,P..Rethinking Critical Theory and Qualitative Research. In Denzin,N.K. amd Lincoln,Y.S.(2000),pp.243-271

10 Carspecken, P.F. *Critical Ethnography in Educational Research; A Theoretical and Practical Guide*,N.Y.:Routoledge, 1996,p.43,figure2.3（筆者による日本語訳）

11 Interpersonal Process Recall の略。Norman Kagan により開発されたカウンセリングのスーパーバイザーとしてのストラテジー。

12 スキーマはシャンクなどが七〇年代に提出した知識構造の組織化に関する理論が知られており、守崎誠一によれば現在スキーマは一般的に「物理的な物や場面、出来事についての過去の経験から構築されたもので、物事はどのようなものか、物事はどのような順序で起こるのかといった（一般的には無意識の）期待感から構成されるもの」（Mandler,1979,p.263）と定義される。文化的スキーマについては本章「第四段階」文化的スキーマ」を参照されたい。守崎誠一「『スキーマ』を通して、文化はどのように我々の認知や行動に影響を与えるのか」『多文化関係学』七、二〇一〇年、pp.53-67

13 塩入すみ「短期留学における台湾人大学生の転機の過程」『学芸国語国文学』三九、東京学芸大学、二〇〇七年、pp.1-11

14 Denzin,N.K. *Interpretive Interactionism*, Newbury Park, CA: Sage.1989 日本語訳『エピファニーの社会学——解釈的相互作用論の核心』関西現象学的社会学研究会編訳、マグロウヒル出版、一九九二年。エピファニーは異教徒の東方三博士にキリストが顕現したのを記念し一月六日に行うキリスト教の祭。

15 大頭香「聊一聊」台灣査某編著『台灣女生留學手記』台北：玉山社、二〇〇〇年、p.264

16 Said,E.W., *Orientalism*, New York: Georges Borchardt Inc.1978 日本語訳『オリエンタリズム』今沢紀子訳、平凡社、一九九三年

17 Clifford, J. Traveling Cultures, In Grossberg, L., Nelson,C. and Treichler, P.（eds）*Cultural Studies*, New York；Routledge, 1992, pp.96-116, 他にも Marcus,G.E. and Fischer, M.J.（1986）など。

18 藤田智博「ジェイムズ・クリフォードの『旅する文化』とトランスナショナル・フェミニズム——異種混淆論からポストモダニティの分析へ」『フォーラム現代社会学』六、関西社会学会、二〇〇七年、pp.105-117

19 「マルチローカル」については前掲、Clifford, J. Traveling Cultures,1992,p.102
20 箕浦康子『子供の異文化体験――増補改訂版　人格形成過程の心理人類学的研究』新思索社、一九八四年、p.303
21 陳光興「帝國之眼―次帝國與國族――國家的文化想像」台北：行政院國科會科資中心、日本語訳「帝国の眼差し――『準』帝国と国民、国家の文化的想像」坂本ひろ子訳『思想』一月号、岩波書店、一九九六年、pp.162-221
22 『朝日新聞』大阪朝刊「オピニオン」二〇〇三年一月一五日
23 前掲、守崎誠一「『スキーマ』を通して、文化はどのように我々の認知や行動に影響を与えるのか」p.59

第2章　歴史・政治・対話的ロケーション

吾々でも今日考へて見ると大分誤解があつたと思ふので、其の中でも尤も甚だしいのは、吾々の思想と彼等の思想との間に大なる差がある如く見る事である。其の一例は臺灣から来て居る學生で昨年来たにしては中々日本語がうまいのであるが、内地に知己を求めて家庭的に結びつかうとするがどうもうまく行かない。今は築地の工業學校の印刷部に居るが、臺灣人と云ふと一口に内地人は生蕃だと思つてゐる。其だから御前の家には首が何個ある？の又御前の阿父様は人を取って食ふだらうなど丶云ふが、決して其様なものではない。

（後藤朝太郎「在日留学生に就きて」より）

本章では、留学生が日本で経験する様々なロケーション（差異への気付きと位置取り）のうち、台湾の留学生の経験において特徴的な三つのロケーション「歴史的ロケーション——本島と内地[2]」「政治的ロケーション——台湾と中国」「対話的ロケーション——親和と距離」について見ていく。

「歴史的ロケーション——本島と内地」では、植民地支配下における台湾から日本への「内地」留学に関する文献から、植民地支配による制度としての差異と、当時の台湾人留学生と日本人の意識を取り上げ、現在も継続する双方の意識について考える。「政治的ロケーション――台湾と中国」では、台湾の留学生がどの国に行っても経験する国際政治上の台湾の位置への気付きについて、アメリカ留学の場合と比較しながら考察する。「対話的ロケーション――親和と距離」では、日本人と台湾人の対人コミュニケーションの様式の差異に対する留学生たちの気付きについて見ていく。

そして、最後に現在日本における外国人のロケーションのあり方の変化について言及する。

歴史的ロケーション――本島と内地

「日本語のクラスでは、日本の近代の歴史・政治、特に戦争や領土に関わる問題にはできるだけ触れない」。そう思っている日本語教師は少なくないであろう。特に中国、韓国、台湾といった東アジアの学習者のいるクラスでは、戦争に関わる可能性のある話題を積極的に提示することは意識的に排除されることが多い。戦争に関する話題がすべて避けられているわけではないが、とりわけ日本と旧植民地国との歴史的関係に関する話題は、日本語教育の現場だけではなく、日本人の若者に対する教育においても同様に回避されているように思われる。

数年前、韓国の専門学校の学生たちを対象に短期日本語研修プログラムを行った際、授業内の活動として日本人大学生にインタビューすることになり、いくつかテーマを決めたのだが、その中に「ドクト（独島／竹島）は日韓どちらの国のものだと思うか」というものがあった。熱くドクトを語る韓国の大学生とは対照的に、日本人の大学生はほとんどこの問題について知識も関心も薄く、この問題について意見を交わすことを不快に思う日本人学生も少なくなかった。日本と旧植民地との間に、歴史に関わる教育と意識の不均衡が存在しているのは事実である。

一方で、韓国の大衆文化に対する日本の若者の興味は広く普及し、定着している。大学の交換留学生と日本の高校生との国際交流では、韓国人留学生の周囲は韓国マニアとも言えそうな女子が囲み、ソウルのグルメ情報などを留学生に質問し、大盛況である。彼女たちは自分でハングルを学び、韓国旅行の計画も立てていると言う。こうした傾向は国際理解における大衆文化の力を物語っており、喜ぶべきことなのではあろうが、そこにはやはり不均衡を感じる。日本側の歴史に関する教育的コミットメントの欠落と大衆文化志向の過熱は、表裏一体の現象ではないか。

こうした歴史・政治に関わる知識と意識における不均衡は台湾と日本の間にも存在しているが、韓国の場合とはまた様相が異なっている。昨日もテレビでは植民地時代に台湾の水利事業に携わった日本人技師の話が放送され、番組全体は台湾の「親日」色に彩られたものとなっていた。高校や大学で台湾への修学旅行や研修旅行を行っている学校も多いが、台湾で何を「学び」に行くのだろうか。知人のある大学教員が台湾での日本語教育研修に日本人大学生を引率した際、日本による植民地支配が開始した直後に発生した芝山巌事件[3]で殺された六名の日本人教師の墓に学生を連れて行ったところ、後日勤務先の大学関係者から痛く非難された。理由は「初めて台湾に行く若い人たちに、つらい入り口から入らせなくてもいい」というものだった。台湾を初めて知ることになる日本人の若者にとって、日本と台湾の間に存在している歴史的事実に直面するより、楽しい経験から台湾を好きになる方が良かろうという大人の配慮であった。翌年からの研修日程には、テレビの台湾観光の番組でお馴染みの場所が並ぶこととなった。

教育や国際交流の現場に共通するこの種の奇妙な配慮は、日本人の「他者に対する想像力の欠如」、「他者との関係への鈍感さ」[4]を、特にアジア諸国との関係において助長してきたように思う。中でも東アジア諸国とは地政学的にも歴史的にも近しいことが、一層その不均衡を際立たせている。だが、いくら意図的に回避しようとしても、かつて日本の植民地であった国の人々と何らかの関係をもち続ける以上、何年経っても歴史認識における両者の非対称[5]なロケーションの問題は、我々の間に亡霊のように繰り返し立ち現れる。「歴史的なロケーション」とは、植民地支配下の制度としての差異という歴史的事実への認識であると同時に、その差異が現在もなお台湾人・日本人双方の意識に影響を及ぼしていること、いわゆるポストコロニアルな状況への認識をも意味する。

植民地支配下の制度としての差異と当時の留学生の認識について本書で詳しく取り上げることはできないが、いくつかの研究から現在の台湾人と日本人の意識に関わる記述を概観しておきたい。主に参考としたのは、和田博文・徐静波・兪在真・横路啓子編による、一八七六年[6]〜一九四五年、日本に留学した東アジアの留学生の視点からの日本と、近代化への憧憬・帝国主義への幻滅という当時の留学の全体像を描いた『〈異郷〉としての日本――東アジアの留学生が見た近代』[7]、紀旭峰による『大正期台湾人の「日本留学」に関する研究』[8]、渡部宗助による植民地・台湾からの留学生が日本の高等教育に与えた影響を論じた論文[9]、言語学者で台湾総督府嘱託であった後藤朝太郎による留学生の日常に対する観察や雑感を記したもの[10]である。これらの文献から、当時の台湾から日本への内地留学の制度及び内地留学の理由、抗日のあり方について見ていく。

（一）内地留学制度の意義と留学の理由

内地留学制度の意義とは植民地支配者である日本にとっての意義であり、一方、内地留学の理由は被支配者である台湾人にとっての理由である。

紀旭峰によれば、一八九七年に最初の台湾人官費留学生が渡日して以後、増加する台湾人の内地在住者の中でも留学生の数は高い比率を占めていた[11]が、厳密には当時の台湾の内地留学生は「留学生」とは言い難い。自立した国がその国の近代化・西欧化を目指すための政策として他国に送り出すことを近代的な意味での留学とするなら、植民地であった台湾の内地留学はその意味では留学とは言えないものであった[12]。そのため、外国人として来日する清国留学生には法政大学、明治大学、早稲田大学等が受入組織を設置したが、植民地人としての台湾人に対しこうした施設や制度上の便宜が図られることはなかった[13]。

当時の総督府・文部省による留学生政策は植民地支配維持のための差別的な文教政策であり、支配者側にとっては、「中国文化離反策、台湾人同化教育策、民族運動抑圧策、低廉勤勉なる労働者形成策」としての意義があった[14]。植民地からの留学制度が支配国の一方的な利益を目的としたものであるという思考は、その後も日本とアジア諸国との間の経済を中心としたネオインペリアルな状況へと受け継がれている。

一方、台湾人の側から内地留学制度を見ると、日本側の思惑との差異は大きい。紀旭峰は、日本が台湾の植民地支配を始めた一九二〇年代に台湾人が日本留学を選択した主な理由として以下の四点を挙げている。①大正期まで台湾の教育機関の整備がなされておらず台湾で高等教育が受けられなかったこと、②他の国より植民地宗主国へ留学する方が容易であったこと、③日本留学は欧米留学のステップであり地方名士の子弟には将来欧米留学の手段として日本留学を選択する者が多かったこと、④本来は中国への留学を望んでいるものの中国への渡航ビザの取得が困難であったことである。いずれも台湾人から見ると、内地留学は積極的に日本の社会・文化を学ぼうという日本そのものへの興味や関心によるものではない[15]。

また、内地留学は一部の官費留学生以外は台湾の地方名士の子弟にほぼ限られていたが、植民地下の差別的教育制度において子弟に最大限の良好な教育を求める地方名士にとって、内地留学のみならず日本寄りの道を選択するのは、植民地人としてより良く生きるための処世の術であった。

簫氏は一九三七年台湾中部彰化の生まれ。小学二年で終戦を迎えた。一九六二年、東呉大学政治系の一期生として卒業、現在は上海で会社を経営する。父は医者で母は第三高女卒、家では全て日本語で「国語家庭」だったので簫氏は台湾語もできない。医者の家である三名の子どもだけが日本人の行く小学校に入ることができた。小学校に入る前から母親は「日本人の育て方をしないと出世できないから」と言って日本人の多い台中に家を借り、子どもたちを日本人とだけ遊ばせた。

「植民地だからね。いいように生きていくには、なんとか日本人とくっついていかなきゃならないような時代でしたから」

（二〇〇一年二月一〇日　台北にて、日本語によるインタビューを要約[16]）

当時の台湾の地方名士の思考として注目すべきなのは、地方名士の子弟の中には内地留学の後アメリカやイギリスの高等教育機関に入学する例があり[17]、植民地支配下において被支配者たる台湾人の富裕層の意識には近代的意味での留学に対する意識が存在していたということである。彼らは日本の植民地支配に対して俯瞰的な見方をもっており、近代化というスケールによる東西文化の序列を認識していたのである。より近代化された国への留学を志向する意識は、現在も多くの国における留学や語学学習の動機付けであり、アジアの学生にとって日本留学や日本語学習に対する動機付けは、英語圏への留学や英語学習に対するそれには及ばない。戦後から現在まで、台湾の大学で日本語を専攻する学生の多くが本来英語専攻を希望しながら試験の結果として消極的理由により日本語専攻を選択しているのも事実である。

近代化というスケールによる文化の序列への認識は、歴史・政治的な支配・被支配という日台の関係の中での位置付けとは異なった価値体系、帝国における階級とは別の序列・階層構造を意味するものであり、このような台湾人富裕層の教育に対するいわばダブルスタンダードな見方は、現行の教育制度の不備を留学で補うという発想に繋がり、戦後もアメリカ留学ブームを支える意識となっていたと考えられる。

(二) 抗日とアイデンティティ

台湾と朝鮮の内地留学生たちは日本で民族意識を学び抗日意識を強める者も多かった。台湾の内地留学生は日本人から「野蛮人」「蕃人」などと称され厳しい差別を受けていた[18]が、それぞれの抗日意識に繋がっていく。

民族的アイデンティティを強め民族運動を展開した張深切は、一九一九年東京の富山中学校に通っていたが、日本人教員から差別されたことで民族意識に目覚め、後に上海で民族運動を展開する[19]。

冨田哲によれば、一九一六年から四年間東京高等師範学校に留学した蔡培火は、植民地支配下で日本語による教育を受けた台湾人の最初の世代でありいわゆる植民地エリートであったが、林献堂[20]とともに台湾同化会、新民会を発足させ政治運動に関わる。台湾同化会は「台湾人と日本人の親和や同化主義にもとづく統治をめざして」、「台湾と本国との政治的格差の撤廃や、台湾における台湾人と日本人のあいだの不平等の解消を求めた」。蔡は台湾に戻った後に記した『日本々国民に与ふ』（一九二八年）において「台湾人に対する同化政策を推進しながら差別待遇を温存する台湾総督府の欺瞞や在台日本人の傲慢さを厳しく指摘」する[21]。一方、彼は人種差別撤廃にも関心を示し、アメリカでの日本人に対する人種的偏見を取り上げ、台湾における差別待遇の一掃を訴えている[22]。

台湾同化会のスローガンにおける「親和」は表面的なものであるという見方もあるが、「差別」の対義である「平等」の延長にある概念であると思われる。この章の冒頭で引用した後藤朝太郎による留学生観察の手記の文言「臺灣から来て居る學生で昨年来たにしては中々日本語がうまいのであるが、内地に知己を求めて家庭的に結びつかうとするがどうもうまく行かない。」というのは、台湾人留学生が当時日本人に対して親和的な感情を求めた様子を伝えており、現代の台湾人留学生の経験と類似するものがある。

L：サークルに加入する時も差別みたいなのはありました。日本人の学生は台湾人とそれほど付き合いたいわけではないから、サークルに入る時自分から台湾人って言わなかったんですが、イントネーションでわかるみたいで、僕らを相手にしてくれませんでした。こちらがカウンターの前に立って日本語で「入りたいんですけど」って言っているのに、ほんとにひどい……そこにいた日本人の学生全員が、僕らが見えないふりをしました。

（二〇〇五年二月一七日　台北にて）

「親和」という概念は台湾人にとって「差別」の対義であることを、日本人は自覚していないようである。このことが戦後も日本人の台湾人に対する「親日」という非対称な認識を形成する要因の一つとなっているのかもしれない。

もう一つ、現在の「親日」意識に繋がるという指摘のある日本教育世代の抗日意識について触れておきたい。そこには、内地留学で民族意識にめざめた富裕層の留学生たちとは異なる、同化政策のアイデンティティへの浸食と抗えぬ状況がある。洪郁如は「親日」と見なされる日本教育世代の人々の著作の中には例外なく「悪いところ」にも言及があり、その「悪いところ」は日本人教師や日本人学生からの「差別」に集約されると述べている[23]。筆者自身もかつて台湾でそうした人々の話を随分聞いたが、日本教育世代の、特に当時の富裕層、知識層の人々の語りにおいて、差別は明確な事実としては存在しているものの、（もちろん日本人である筆者に対する語りではあるが）抗日意識が明確な語りはそう多くない。

黄老師は一九二七年生まれ。小中学校の教員をして定年退職後、台北の大学付設言語センターで日本語を教えている。日本による植民地支配の時代、台北郊外の貧しい農家に生まれたが勉強が好きで、八才の時、親に無理を言って書房（漢学の先生の開く寺子屋的な私塾）から公学校に上がる。「支那服」（原文ママ）を着て裸足で通った。当時公学校は台湾人、小学校は日本人（内地人）という区別があり、公学校の教員は一年生の時は台湾人教員、二年生以上は日本人の教員だった。男性の日本人が多かったというが、黄老師は一人の若い日本人の女性教員に、教員寮に同居するほど可愛がられた。毎日先生の作ってくれる卵焼き、味噌汁、焼き魚などは、生まれて初めて食べる物ばかりで美味しく、先生にこう聞く。

「先生、私の家、ご飯さえも食べられないのに、先生はどうしてこんなに毎日おいしいものが食べられるの」すると先生はこう答えた。

「黄さん、先生みたいな生活がしたかったらね、あんたも将来先生になりなさいよ」

黄老師はそれで教師になった。（二〇〇〇年一〇月二一日　台北にて　日本語によるインタビューを要約）

黄老師の語りには一言も「不公平」「差別」ということばはなく、「日本人は小学校、台湾人は公学校」といった違いが幼い子どもには所与のものとして淡々と受け止められている。だが、この日本人教師の話には支配者側の偽りがある。当時台湾人と日本人は明確に「本島人・生蕃人」と「内地人」として区別されており[24]、日本人教師である自分と台湾人である「黄さん」の家の間に存在する経済的差異の根本的原因である植民地支配、その結果、台湾人と日本人は教育制度上も決して同じ軌道にいるわけではないのを知りながら、努力すれば同じように報われるかのように答えている。そして、黄老師自身も後にその偽りに気付いたはずである。にも拘わらず、黄老師の語りは懐かしさと思い出で彩られており、戦後も日本人教師との感動的な再開を果たすのである。そこには民族の違いや支配・被支配の関係を超越した親愛の情が存在するのも事実であるが、非難なき語りや情愛は、寧ろ個人の意識さえ侵食する同化政策の残酷さを意味する。台湾での半世紀にも及ぶ制度としての差別は、台湾人・日本人双方の個人としての意識に強く焼き付けられ、現在もなお双方の意識の底に横たわっている。

ここまで、植民地支配下の内地留学における歴史的ロケーションについて見てきたが、次に、戦後世代の「親日」の意識が戦前世代とは異なった様相を呈し、特に戒厳令解除以後、東アジア全体における新たなロケーションが行われていることを見ていく。

中国語で教育を受けた戦後世代と日本教育を受けた祖父母世代との間には、言語的な隔たりと同時に精神的・文化的な隔たりも存在した。特に一九八七年の戒厳令解除を契機として日本のメディアが解放されると、若年層を中心とした対日イメージは大きく変容していく。

一九五〇年代には日本による経済という新たな侵略が早くも始まっていたが、戒厳令解除により日本のメディアが公に解放されると、テレビを中心に日本の大衆文化・消費文化が台湾に流入した。本多周爾が一九九九年に行った台湾と香港の大学生を対象にした調査によれば、台湾の若者の方が香港の若者より日本のテレビをよく見ており、台湾の若者の日本に関する情報源は七割以上がテレビ、次いで雑誌、新聞であった[25]。テレビで流されるものの大半は豊かで新しい消費文化であり、これが当時の台湾の若者の日本に対するイメージ形成に大きく影響していたと考えられる。その結果、日本の大衆文化を熱愛する若者たちが生まれ、「親日」は「日本が好き」という意味に傾いていく。本多によれば、九〇年代後半の台湾の若者が「日本に関心をもつ理由」として最も多かったのは「製品の質が高く番組が面白い」、「日本にひかれるもの」としては最多が「商品・製品」、次いで「キャラクター」「アニメ」で、酒井亨がその著書[26]で指摘するように、若年層の関心の中心は物質的・消費的な関心であり、政治・経済・歴史等の社会的方面に対する深いものではなかった。このような無批判とも言える文化受容の意識は新たな「親日」意識ではあるが、これもまた日本人の台湾人に対する安易な「親日」意識を助長させている一つの要因と考えられる。日本人大学生の対日意識を調査した呂宜静[27]によれば、多くの日本人大学生は台湾を親日的と見なす一方で、台湾についての地理・歴史・政治に関する基本的知識が欠如しており、彼らの台湾に対するイメージは、往々にしてテレビの観光番組のグルメ情報ばかりで形成されている。この状況は一〇年前も同様であった。

筆者：中国語を教えるボランティアはどう?

T　：学生はほとんど五〇歳以上です。

筆者：日本の年取った人と若い人の違いについてはどう思いますか。

T　：授業の課題でアンケートした時、日本の若い人はぜんぜん台湾のことを知らないってことがわかりました。地図の上でどこかも知らないんです。若い人は台湾のことだけじゃなくて国際的なニュースを全然知らない。国際的なことに興味がないみたいです。台湾では日本のことがすごくよくわかります。日本で何かあったら二時間後には台湾のテレビで報道されますよ。だけどここに来てから台湾のことをテレビで知るのは難しい。韓国と中国のニュースは多いけど。

（二〇〇七年一月一六日　京都にて）

台湾人の対日意識に年代差があるように、日本人の対台湾意識、あるいは国際情勢に対する意識にも年代差が存在しているようである。日本人の若者の台湾に対する無知は、台湾人の若者の日本に対する無批判な需要と表裏一体と言えるだろうか。

また、日本の発信する大衆文化は「東アジアのポピュラーカルチャーの複合ネットワーク[28]」として、今や東アジア全体に広がっており、第3章でも述べるように、西洋諸国の近代化への憧憬に変わり、新たなアジアのライフスタイルへの憧憬を生みつつある。そこには、メディアを中心とした文化の虚構性と日本社会の現実という新たな不均衡の問題が含まれてもいる。

X：印象の中の日本は全部東京みたいな所。ビルがたくさんあって、遅くまで遊べるって感じ。

（二〇一八年八月二三日　熊本にて）

現代の日本の若者を中心とした新たな「台湾は親日」という言説は、大衆文化を基調とした日台双方の若者の間の不均衡な認識の上に再構築される一方で、戦前世代と戦後世代に共通する日本人への対等と親和を求める台湾人の意識は継続して存在し続けている。現在の台湾人留学生たちの歴史的ロケーションとは、戦前世代の台湾人との対日意識の相違への気付きであると同時に、戦前から続く日本人の台湾人に対する意識への再認識でもある。

政治的ロケーション――台湾と中国

「政治的ロケーション」とは、国際社会における台湾のナショナリティ、中国とのいわゆる両岸問題に関係する差異への気付きである。これは、日本だけでなく海外に留学した台湾の学生たちが必ず経験する、中国、台湾、そして他の国々の台湾に対する認識への気付きである。

二〇一七年、帰国を前にした短期留学生たちの面接をしていたところ、台湾人の留学生が学内の小さな日本語スピーチ・コンテストでの「不公平」について不満を語り始めた。数カ国の八名の出場者のうち、入賞しなかったのは台湾の二人だけだったのだ。二人は審査の基準にも疑問をもっていたが、特に指摘したのは審査員の中に中国人がいたことであった。中国人留学生は二人とも入賞していた。それだけならきっと偶然で済ませられたのかもしれないが、彼女はその少し前に大学の授業で、ある日本人の教員から中国と台湾の関係について意見を求められ、不愉快な経験をしたばかりだった。その時彼女は答えないで黙って微笑んでいたそうだが、中国の留学生は声高に「台湾は中国のもの」という中国政府の主張そのままの言説を繰り返した。その時から彼女と日本人の間に目に見えない壁ができてしまった。彼女が不公平を訴え心の壁を作ったのは、中国人に対してではなく日本人に対してであった。スピーチ・コンテストのスタッフの日本人も、授業で意見を聞いた日本人教員も、おそらく彼女が不愉快なことにも気付いていないであろう（スタッフには筆者が後日伝えた）。そこにも日本人の両岸問題に対する粗雑な認識が存在する。

類似の状況はアメリカでも繰り返されているようであるが、他者の認識のあり方により、問題の方向は随分異なってくる。

イスラエルの留学生Barakが中国の留学生と私に突然こう聞いた。「Do you think Taiwan is part of China?」「Yes or No?」中国の留学生は二者択一を迫られ「Yes!」と答えたが、私は「No!」と答えた。Barakは笑いながら「Are you good friends?」と聞き、私たちは二人とも「Yes!」と言って頷いた。彼は笑顔で私たちを誉めてくれた。政治的な争いや歴史の残したものが人と人との間の単純な友情に影響しないと。Barakはさらに台湾はなぜ独立したいのかと聞いた。宗教の違い？　民族の違い？　文化的な違い？それとも政治的な理由？

（鄧盛琦「行銷台灣」[29]より）

この質問をしたイスラエルの留学生Barakはアメリカ留学後に台湾と中国の関係に関心をもつようになり、この質問をする前に自らネットで両岸関係について調べ学んでいた。この会話の後、三人は台湾文化と中華文化の差異について話を続ける。彼の発した問いは決して軽い好奇心やおしゃべりではなく対話を生むものであり、これをきっかけに台湾人留学生は中国と台湾の違いとは何か、深く考えるようになる。

一方、台湾人留学生の物言わぬ反応も、日本人をはじめとする第三者の粗雑な台湾観を助長しているように思われる。無言の反応は、台湾が先史以来常に支配されてきた経験の産物なのであろうか。

X：台湾に帰ったとき感じたんですけど、台湾人は少し矛盾しています。それは、小さい時から国民党と民進党があって、以前そのことで国民が煩わされることがありました。だから、小さい頃から外では政治の話をするなと教育されています。台湾独立とか、台湾は大陸のものとか言ってはいけないと。

（二〇一八年八月二三日　熊本にて）

現在まで台湾と中国の留学生の間では、台湾の政治的位置付けをめぐる小さなトラブルがしばしば繰り返されてきたが、両者の関係は時代の影響を受けて変化し続けている。まず、九〇年代台湾の教育改革における本土化の影響か、近年台湾人留学生が以前より明確に「台湾人である」ことを主張するようになっているという日本人大学生の感想である[30]。次に、近年の政治的、経済的な両岸関係の変化により、台湾人の若者は大陸の中国人に対し以前より親しみを感じているという変化である。

X：今度（台湾に）帰った時感じたのは、台湾人は大陸の人に対して、好きと嫌いの両方の感情が入り混じっているということです。自分は独立しているけど、本当に独立したくはないという感じ。

筆者：関係が強いからね。

X：そうです。経済と関係があります。大陸はお金があるから。今回台湾へ帰った時も、話題が全部、「大陸、大陸、大陸」「日本、日本」。聞くのは二つの国のことばかり。大陸と日本、大陸と日本。他にはありません。

（二〇一八年八月二三日　熊本にて）

留学生Xが現在の台湾で感じたのは、台湾人が政治的ロケーションにおいて向かい合い続ける民族的アイデンティティの関わる曖昧さと、外的な力に翻弄されがちな台湾という共同体の脆弱さであろう。

対話的ロケーション――親和と距離

「対話的ロケーション」は、台湾人・日本人の対人コミュニケーションにおける規範意識の差異への気付きである。それは、深い友人関係、親和性（温かさ、親切さ、親しみやすさ）を求める傾向の強い台湾人と、人との間の距離を保持し、時には閉鎖的であると言われる日本人との間に存在する非対称への気付きである。

筆者：日本人と台湾人の違うところってどんなところだと思いますか。

R　：日本人は最初はあまり自分のことを話さないし、深い話題には入りません。だいたい当たり障りのない話題です。おしゃべりが表面的だなと思います。親しくなるまでに時間がかかります。

（二〇〇七年一月一六日　京都にて）

これまで社会心理学や異文化間教育の分野では、留学生の日本人に対するイメージにおいて、親和性に関わるマイナスのイメージ、非親和性が指摘されてきた。一九七五年、一九八五年に在日留学生に対しアンケート調査を行った岩男寿美子・萩原滋によれば、二回とも日本人の「勤勉性」「信頼性」は高く評価されているが、来日してから日本人のイメージが特に人間関係における「親和性」に関してマイナス（「つめたい」「つきあいにくい」）に変化する傾向が強いという。この調査では「日本で経験した最も愉快な・不愉快なできごと」などを記述させる質問に対し、「日本人とどういう方法で友達になれるのか全くわからない（タイ　女　二五歳）」「二年半になるが大学で一人も友達がいないこと（メキシコ男　二六歳）」といった親和性に関わる不愉快な経験の記述が多かった。また、アジア系留学生は日本人の態度を蔑視と感じることが多く、「日本人はアセアン諸国からの留学生を軽蔑する（タイ　男　三四歳）」「日本人はいつも東南アジアの留学生は程度の低い人間、レベルの悪い学生と思っている（台湾男　三二歳）」などの記述が見られた[31]。

実際、日頃の留学生との会話、筆者の行ったインタビューにおいても、日本人の親和性に関する不満は多くの留学生が口にするが、具体的にどのような言動が彼らに「つめたい」「距離がある」と感じさせるのか。台湾人留学生たちの経験から、留学生が親和性にマイナス評価を下す状況は、以下の二つのタイプにまとめられる。（一）アジア人全体への蔑視・軽視と捉えられる経験、中国人・台湾人に対する民族的な蔑視、日本語の能力による差別、といった民族・文化への尊重に関わる経験によるもの、（二）日本人特有の対人コミュニケーションに関わる経験、例えば、日本人は親しくなるのに時間がかかる、距離感がある、外国人への閉鎖性などである。

（二）民族・文化への尊重に関わる経験

留学生の経験談からは、日本人のコミュニケーションの様式のほか、外国人に対する閉鎖性、アジア系留学生に対する意識、年代による外国人への対応の違いなどを知ることができる。留学生は常に学内の他の国の留学生と様々な面での待遇の違いを意識し、位置取りを行っている。教育協定による交換留学の場合、各大学の協定により寮費や学費等の設定、施設などの待遇は異なると考えられるが、学生たちには単純な比較の項目となり、時には誤解も生じやすい。

K：たぶん英語圏の学生のほうが歓迎されているということかな。寮費やアルバイトの機会とか何か「サービス」みたいなものはありません。そう。オーストラリアの学生は寮費が要らないんです。

（二〇〇五年一月一七日　台北にて）

M：一番古いのが台湾人の寮。中の物も古くてよく壊れたけど、学校の人は「あなたたち台湾人に洗濯機貸してあげてるだけでも感謝しなさい」って感じ。なぜあんなに「挑」なのかなあ。

筆者：「挑」って？

M：「私たちはあなた方を尊重していません」みたいな感じです。人を「見下げる」（日本語で）なんて交流する資格がないです。学校だけじゃなくてそういう日本人が多いです。だから僕は帰って来てからインドネシア人やフィリピン人に対して日本人みたいに差別しないようにしようと思っています。国によって文化が違うんですから。それも留学で学んだことです。（二〇〇五年二月一七日　台北にて）

また、アジア系留学生は「外国人」として歓迎されにくいこともしばしば耳にするところである。これには日本語能力も関係している。岩男・萩原の二回の調査ではいずれも、日本語能力と親和性に関して日本語能力の高い学生ほど日本人の親和性に評価が低いということが示されており、これについて岩男・萩原がいくつかの解釈を示している。一つは、日本語能力の低い外国人のほうが外国人として意識されやすく、特別扱いされ親切にされるということ、もう一つは、日本語能力の低い学生は日本人に受け入れられない原因を自らの日本語能力に求め日本人に批判的にならないが、日本語能力の高い学生はその原因を自らの語学力不足とはしにくいため、日本人は「つめたい」「親しみにくい」といった親和性への批判になる、などである。

筆者：日本人の友だちはできましたか。
H　：できました。今も三人と連絡しています。
筆者：日本人とは何か問題はありましたか。
H　：あの、スイミング・サークルに入ったばかりの時、みんな私にはあまり連絡をくれませんでした。それに、みんな話すのが速くて聞き取れませんでした。大学には外国人の留学生は多いし、特に私と知り合いたいとは思わないみたい。スイミングの時に一人のおじさんと知り合って、その人は台湾に行ったことがあって、私たちを家に招待してくれました。
筆者：日本人のおじさんですか。

H　：ええ。おじさんやおばさんの方が親切です。

（二〇〇五年一月二一日　台北にて）

日本語能力と親和性の関係に関しては、全く異なる見解もある。特に近年増加する留学生のアルバイト先での同僚の日本人や上司との付き合いにおいて日本語能力の高さは高く評価され、日本語能力の低さにより不愉快な経験をする者も少なくない。これについてはこの章の最後で述べる。

ここで挙げた民族・文化への尊重に関する気付きは、台湾人だけでなくアジア系留学生がほとんど同じように経験することである。「差別されている」という意識に至るには、それまでに複数の類似した経験があることが多い。Mの場合、この他にもいくつか教師や学外の日本人との間で小さな問題が積み重なっていた。また、トラブルがあった時の「おとなしい」反応は、台湾人留学生に特徴的と言えるかもしれない。

筆者：日本の大学で学校の環境はどうでしたか。
K　：きれいでよかったです。でも、台湾の学生は他の国の学生に比べて本当に「いい子」（乖）です。
筆者：そうですか。授業中？
K　：台湾人って本当にいい子でおとなしいみたい。
筆者：そうね。そうかもしれない。
K　：台湾の学生は「言うことを聞きます」（比較聽話）。

（二〇〇五年一月一七日　台北にて）

民族・文化への尊重とアイデンティティに関わる問題は、第5章でも述べる。

(二) 日本人特有の対人コミュニケーションに関わる経験

留学生が親和性にマイナス評価を下す状況のもう一つは、日本人特有の対人コミュニケーションに関わる経験である。日本人とは友だちになりにくいというのは台湾人留学生の間で定着しているようで、留学前から期待せず、留学中も日本人の友人を作ろうとしなかったという学生もいた。

筆者：日本人とは友だちになりましたか。
D　：もともと日本人と友だちになれるとは期待してませんでした。
筆者：どうしてそう思いましたか。
D　：日本人は付き合いにくいし、時間も短いし。
筆者：先輩から聞いたんですか。
D　：いいえ、自分でそう思って。友だちになりにくいなあって。だからサークルも入らなかったし、バイトもしませんでした。
筆者：へえ。留学したら日本人の友だちを作りたいっていう人が多いけど、D君は違うんですね。
D　：テレビを見るためです。
筆者：じゃあ、Iさんはどうでしたか。日本人の友だちができましたか。
I　：いいえ、なんだか親しくなりにくいなあと思いました。少し距離感があります。

筆者：どんな感じですか。距離感って。

Ｉ　：わかりません。そういう感じがするだけです。感じです。

Ｄ　：それに一緒にいる機会も少なかったし。

（二〇〇四年四月一四日　台北にて）

日本人の友人はできなくても、学生Ｄはこの留学に満足しており、「日本に行ったらもっと深く日本を知りたくなった」と言い、卒業後はまた日本に留学したいと言っていた。第３章で述べるように、日本への留学の動機付けとして、人との交流より日本での生活であるという学生も少なくない。また、近年は日本人大学生同様、対人関係に消極的な留学生も増え、一人の時間を大切にしたいという台湾人留学生もいる。一年間大学の授業以外の時間は、ほとんど寮でパソコンの画面を見ていた学生もいた。彼も留学に満足していた。そうした学生にとって日本人とのコミュニケーションの問題は最初から発生しない。こうした留学生が増えたのも近年の傾向であるが、大半の台湾人留学生は日本人との交流に期待している。だが、来日前から日本人との付き合いに期待が大きく、台湾でのコミュニケーションと同様のものを求める学生は失望も大きい。

筆者：大学を卒業した頃、日本についてどんな期待をもっていた？

Ｘ　：台湾人は日本が好きだから、日本人にもすごく良くします。私の友人が台湾にいた時、みんな彼に良くしていました。だから私も日本で「台湾人」と言ったら「へえ、いいね」と特別良くしてくれて、サービスしてくれる（笑）なんて思っていました。

筆者：想像と違っていたのはどんなこと？

X　：たくさんあります。外国人に対してそんなに親切じゃないし。（二〇一八年八月二三日　熊本にて）

そして、日本人とのコミュニケーションにおいて、多くの場合、接触の初期の段階での問題を抱えているようである。

筆者：友だちとの間で何か問題はありましたか。

A　：特にないかなあ。日本人の友だちとは接触することが少ないから。

B　：日本人は接しにくいし、日本人の学生は友だちになりにくいです。サークルに入ると最初はとても歓迎してくれますが、誰も個人では連絡してきません。（二〇〇四年三月一六日　台北にて）

日本人の若者との付き合いを心得ている者もいる。そうした学生は自分から積極的に日本人に連絡するが「引き」も早く、日本人の若者のコミュニケーションのリズムに慣れ、割り切っているようである。

筆者：個人的な付き合いはどう？新しくできた友達もいると思うけど。例えば、最近韓国の男の子と話したんだけど、彼は日本語が上手なんだけど、友達となかなか会うタイミングがうまくいかないって。「あ、時間ができたら連絡するね」って言われて待ってたんだって、ずっと連絡を。そして連絡が来なくて。自分の方から「遊びに行こうか」って誘ってもなかなかタイミングがうまくいかなくて、友達とどう付き合ったらいいのかわからないって。そう言うのはない？　Y君は。

Y：うん……。あんまりないですね。あの、行動派だから「今日行ける？」「ううん、行けない」「じゃあ、また明日」みたいな。

筆者：ああ、Y君自身がね。遠慮しないのも大事だよね。そこで向こうがダメだったら。

Y：そうそう。「じゃあまた明日」みたいな。「また時間あれば」

（二〇一八年八月六日　熊本にて）

台湾人留学生はどのように日本人と親しくなろうとしているのか。

先に挙げた岩男・萩原の調査では対日イメージの関係について、最初の一年弱の対日経験で日本嫌いになる留学生が増加するという指摘がある[32]。

留学という一年間を一つのサイクルとした異文化適応において、一年という期間はある程度の理解と経験の段階を示している。本書で主に扱っている短期留学生たちも半年ではそれほど不愉快な経験もせず帰国するが、一年間の留学では日本人との交友関係においてそれなりの喜怒哀楽を経験する。また、岩男・萩原の調査では長期留学生が多く学位取得が目的で年齢も高いが、短期留学生は二〇歳程度で、日本での異文化経験と語学学習が目的であるため、一年間という短い期間で日本人と積極的に交流しようという意欲の高い学生が多いのも特徴である。

台湾の大学生の留学前、来日一か月、来日四か月の「友だち作り」の過程を追ってみる。

【留学前インタビュー】

筆者：日本の文化についても一般の学生よりだいぶ勉強したと思いますが、日本の文化について知っていくうちに以前の理解とは違っていたことなどありましたか。

N　：それは考えたことあります。みんなは日本人が礼儀正しいと言いますが、最初は礼儀正しくて、後になると冷たいことが多い。でも、それは普通だと考えることにしました。だって文化の違いは必ずあるし、日本人がどんなふうであっても、もう心の準備はできているので怖くはありません。

筆者：いつ頃から日本人を知るようになりましたか。

N　：大学に入ってから日本に留学した友だちや先生から日本のいいところ悪いところを聞いて、大体こんな感じかなと思うようになりました。

筆者：今日本人の友だちはいないんですか。

N　：中国人のお父さんと日本人のお母さんをもつ友だちがいます。隣のクラスに。彼の立場は中立的だし、いろいろ聞いておくとショックも大きくないと思って。

（二〇〇四年六月八日　台北にて）

【来日一か月　Nからのメール】

日本に留学はもう一ヶ月半ぐらいでした。にほんにの生活も慣れてます。授業は難しいけど、いまも慣れてます。でも、日本人の友達は何人しかできない。本当にショックだった。何をした方がいいのか？もっと日本人の友達を作りたいです。

（二〇〇四年一〇月十九日　メール　日本語・未修正　台北にて）

同じ頃同じ大学に留学したMもまた留学して一か月くらいの時、同じように日本人と「友だちになる」のが難しいと語っていた。

【来日一か月Mからのメール】

日本に来て一か月になります。授業は最近始まったので、それまでみんなであちこち遊びに行きました。日本に来る前のこの国の印象は工業の科学技術の発展した国、経済的に豊かな国という印象でした。でも日本が世界的に重要な立場に立っている原因はよくわかりません。日本人が僕に与える印象は、礼儀正しくて慎み深いということ以外は、物事の順序がきちんとしていて、時間の観念を重視しているということです。でも、これもまた一面に過ぎないとは思います。やはり日本人の友だちと接する機会は少ないままです。日本に来てから毎日いろいろな人や物に触れ、新鮮なだけでなく驚くことも随分あります。

（二〇〇四年一〇月一二日　Mからのメール　台北にて）

だが、その三か月後のNのメールには充実した留学生活と共に、日本人の親しい友人のことがぎっしり語られていた。

【来日四か月　Nからのメール】

新年おめでとうございます。近況をお話しします。冬休みには大阪、京都、箱根、日光など旅行して日本の伝統文化をたくさん見ました。楽しかったです。お金はかかりましたが、価値のあるものでした。自己投資だと思っています。やはりガイドになって鎌倉や伊豆、長野でスキーもしたいです。休みの前にはたくさんレポートを書いて、日本の若者の意識についてアンケート調査もしました。結果は意外でした。実は日本の若者は見た目は軽い感じですが、自分にも、日本の現状にも自分なりの考えをもっています。それなのに、日本の若者はなぜ批判されるのでしょうか。やる気の問題でしょうか。台湾に帰ったら日本語を使う仕事を探してみたいです。日本人の友だちが言うには、大学三年生くらいから就職活動をして、成功するまで五〇社以上面接をするのだそうです。本当に驚きました。結局みんな就職して、進学する人は少ないようです。自分の将来がだんだん心配になってきました。日本の男子は兵役がなくていいなあと思います。日本でもこれほど難しいのに、僕は台湾で就職するのはもっと難しいのではないでしょうか。だから日本語を使うバイトを探して、自分の経験と人脈を積み重ねようと思います。

今日は僕の誕生日です。日本人の友だちから腕時計をもらいました。留学生の友だちもカードを書いてくれました。台湾ほど賑やかではないけれど、すごく充実していて楽しいです。

もうすぐ留学して五か月になります。日本で僕の視野は広くなりました。いろいろな考え方に接しました。一緒に留学している同期の留学生には純粋に遊びに来て全然勉強しない人もいますが、僕は自分の収穫は大きいと思っています。学ぶべきことは学びました。本当に価値があります。残り少ない日本での留学生活、できるだけ機会を生かして日本の文化をもっと体験したいです。がんばろう！

（二〇〇五年一月二四日　Nからのメール　台北にて）

筆者によるインタビューでは、多くの学生が日本人の友だちを作ろうとサークルに入るなどの努力をし、半年程度の時間をかけているが、日本人大学生との付き合いにはサークルなどグループでのコンパや飲み会を中心としたお金のかかる付き合いが多く、経済的負担を嘆く声や、また、外国人の少ない状況での心理的負担を経験する学生もいる。

筆者：他には何かありましたか。
A　：日本人の友だちと深く付き合うのは難しいです。
筆者：日本人の友だちはできましたか。
B　：できました。私たちは二人ともサークルに入りました。
A　：テニス・サークルです。
B　：でも、サークルの日になるとお腹が痛くなりました。
A　：すごく緊張してしまって。
筆者：どうして？
A　：サークルは大きくて、一、二年生だけでも八〇人もいたんです。
筆者：どうして緊張するの？　テニスをすればいいじゃない？
A　：午後から夜まですごく長いんです。七時までテニスをして、その後で食事に行くんです。
C　：学生証を抽選してたくさんの車に分かれてそれぞれご飯を食べに行くんです。
筆者：毎日ですか。
A　：一週間に二日です。

Ｂ：たくさんの日本人と一緒だと何を話していいかわからなくて、緊張して胃が痛くなるんです。入ったばかりの時は歓迎してくれましたが、少し経つとあまり気にかけてくれなくなります。それでもがんばって参加しました。

Ａ：新歓、コンパ、合宿とか、全部参加したら、だんだん親しくなってきました。

Ｂ：最後の方ではサークルの日本人の友だちが私たちの寮に遊びに来るようになりました。

Ａ：後半の半年かな、比較的打ち解けられた（融入）のは。

Ｂ：前半の半年はすごい苦痛でした。特に一台の車に外国人一人の時は、他の人が何を言ってるかわからなくて。

Ａ：何を言っているか聞き取れないと孤独でした。私たちは必ず別々に乗ったので。

筆者：勇気が要りますね。

Ｂ：何を言ったらいいかわからない時は、後ろにたくさんのカラスが飛んでるみたい。本当に恥ずかしかった。

Ａ：いつも逃げ出したい気持ちで、サークルの時間が来ると胃が痛くなってました。

Ｂ：後半の半年は寮の台湾人ともサークルの日本人ともうまくいっていました。

（二〇〇四年三月一六日　台北にて）

また、日本人との「距離感」の縮め方について悩みをもつ留学生も多い。積極的な交流を心掛け、相互の差異を理解してある程度時間をかけた学生は、日本人とのコミュニケーションの方法を学び、次の異文化理解、あるいは学習の段階に進むようである。

筆者：卒業したらまた留学を希望していますか。

C　：はい。今、国際貿易も勉強しています。

筆者：短期留学の時、授業以外で学んだことは何ですか。文化や日本人の民族性とか。

C　：日本人はみんな遠慮深くて直接には言いません。最初は外国人に対して距離感がありますが、いったん親しくなると話し方も随分教科書とは違います。最初は聞いてもわかりませんでしたが、だんだん慣れてくるとわかるようになりました。

（二〇〇四年三月一二日　台北にて）

W　：（留学して半年ぐらいで）日本人と深く討論できるようになりました。仲良くなったら後半の半年は外国人扱いされなくなりました。打ち破ったって感じです。日本人だって熱い気持ちがあるんだと思いました。

（二〇〇七年一月一六日　京都にて）

文化間に存在するコミュニケーションの方法や規範の違いに対し、どちらが正しいか決めることはできない。また、そもそも「親和」性に対する認識が文化や個人により異なることもある。日本人がお互いの領域を保持しようとする「気遣い」も台湾人にとってはつめたいと誤解されることもある。

E　：日本人の友だちの家に遊びに行ったんですけど、私がリビングで友だちと話していたら友だちのお母さんが入ってきて、挨拶して、どこかに行きました。その後友だちのお兄さんやお父さんも帰ってきたんですが、みんな私に挨拶するとどこかに消えました。私の家族なら、私の友だちが来たらみんな集まって、一緒に話したりお茶を飲んだりするのに。私は友だちの家族から嫌われているかと思いました。

（二〇〇四年四月一四日　台北にて）

コミュニケーションにおける文化的差異は、近年の通信機器、ＳＮＳの発達により、民族や国の違いより世代間格差の方が大きいこともある。さらに、次に述べるように、近年増加する日本の外国人労働者とのコミュニケーションの問題は、親和／距離といった対人コミュニケーションのあり方の問題ではなく、懸隔・排斥といった、コミュニケーションを否定する方向へと向かいつつある。

懸隔のロケーション

近年日本で外国人労働者が急増していることは、長期的には日本社会の多文化共生社会への移行の過程であるのかもしれないが、現段階では双方の経済的利益のみが強調され、お互いの異文化理解からは程遠い状況である。本来就労目的ではない留学生たちも、アルバイト先で日本人上司や同僚から厳しい叱責を受けたり、過酷な労働を要求される例も増え、日本社会の外国人に対する許容度は全体的に低くなっているのではないか。

筆者：アルバイトはどうでしたか。

X　：あの時私は日本で初めての仕事だったし、日本のルールとかわからなかったけど、あまり教えてもらえずに一人で放っておかれて……。それで、店長が見かねて来たんですが、その時は日本語もまだうまくなかったので、仕事で使うような日本語ばかりで聞いてもわからなくて。店長が怒って「こんな程度の日本語なら帰った方がいい。日本にいるのはふさわしくない。日本で仕事するのは向いてない」と言われました。

（二〇一八年八月二三日　熊本にて）

この対話には、台湾人・日本人という意識さえ存在していない。日本語能力における弱者とも言える差異化は、「距離感」というより排除・排斥に近い「懸隔」（distancing）[33]と言える。これから日本に研修生として来るベトナム人の日本語学習者が、その語りで繰り返していたのは「怒られないように」ということばだった。

【二〇一八年九月　ホーチミンの日本語学校にて】

ベトナムの全寮制の学校。かつてのフランス植民地時代の名残の残る校舎で、毎日朝七時半から夕方まで日本語を学ぶ学生たち。あちこちの開け放たれた教室から日本語のコーラスが響く。放課後小さな庭に集合して軍隊の訓練のように号令に従う学生たちを、日本から来た企業の採用者が満足そうに微笑みながらベトナム人の学校経営者にこう言う。

「規律正しいですね、すばらしい」

学生たちは日本で日本人の上司に「怒られないように」必死で日本語を学び続ける。この学校を卒業し、日本で三年間実習生として働いて帰国したベトナム人の女性にどうして日本に行ったのかと問うと、彼女は申し訳なさそうに日本語で「お金だけです」と答えた。彼女は日本で経験したことをほとんど詳しくは話さなかった。後で彼女の友人から、日本で勤務先の経営者からセクハラを受けていたことを聞いた。筆者より少しばかり年配の、新米の日本人教師が筆者に「女工哀史よね。」と呟いた。彼女は日本語を教えて学生を日本に送り出すことに罪悪感さえ感じていた。

留学と就労が限りなく近付く日本で、すでに非対称は存在しなくなっている。日本人経営者が求めるのも、就労が目的で来日する外国人が求めるのも、「お金だけ」なのであるから。どこかの社長が講演で「Win -Win の関係」と言っていた。そこでは留学生が日本人に親和を求めることもないだろう。そもそも台湾人のように「平等」な関係におけるコミュニケーションなど、新たな労働者としての外国人たちは期待していないのだから。そして日本人も。

トランスナショナルな移動時代の新たなコロニーとも言うべき、現在の日本社会の労働現場において、支配者／被支配者の抑圧関係は単純かつ流動的である。被支配者はより良い国を選んで移動を続ければよいし、支配者の下には別の国からまた新たな労働者がやって来るだろう。そこには異文化間摩擦やカルチャーショックはもはや存在しないのかもしれない。

■注

1 後藤朝太郎「在日留学生に就きて」仏教朝鮮協会編『朝鮮文化の研究』仏教朝鮮協会、一九二二年、p.103「生蕃」は台湾の先住民族で漢化されていない者を指し、「熟蕃」は漢化された者を指す。ただし、これらは差別的呼称であるとして、台湾総督府は一九三五年に、「生蕃」を「高砂族」、「熟蕃」を「平埔族」とするように改めた。（同書現代語版、大正昭和史研究会編の脚注による）

2 「本島」「内地」については、序章注11を参照のこと。

3 一八九五年日本が台湾の植民地支配を始めた直後一八九六年に日本の設立した芝山巌学堂という小学校教六人（六氏先生）と用務員一人が抗日の人々に惨殺された事件。

4 本橋哲也「ポストコロニアル――『帝国』の遺産相続人として」Young, R. J. C. *Postcolonialism: A very short introduction.* Oxford : Oxford University Press,2003, 日本語版『ポストコロニアリズム』岩波書店、二〇〇五年、p.224

5 丸川哲也は「非対称性」と呼んでいる。丸川哲史『台湾、ポストコロニアルの身体』青土社、二〇〇〇年、p.224

6 一八七六年（明治九）二月、日本と李氏朝鮮が江華島条約（日朝修好条規）調印。五月、第一次修信使七六名を日本へ派遣。

7 和田博文・徐靜波・兪在真・横路啓子編『〈異郷〉としての日本――東アジアの留学生が見た近代』勉誠出版、二〇一七年

8 紀旭峰『大正期台湾人の「日本留学」に関する研究』龍渓書舎、二〇一二年

9 渡部宗助「アジア留学生と日本の大学・高等教育――植民地・台湾からの留学生の場合」『大学論集』第二集、広島大学大学教育研究センター、一九七四年、pp.89-104

10 前掲、後藤朝太郎「在日留学生に就きて」

11 前掲、紀旭峰（『大正期台湾人の「日本留学」に関する研究』p.74）によれば一八九五年一〇月に伊沢修二学

務部長が帰国する際台湾人学生が二人同行し翌年四月に台湾に帰ったが、彼らについては留学生ではなく「修学生」と見なされている（上沼八郎「日本統治下における台湾留学生――同化政策と留学生問題の展望」『国立教育所紀要』九四、国立教育研究所、一九七八年、p.135。一九二〇年日本在住の台湾人は一七〇三名、そのうち台湾人留学生の数は六四九名、一九三〇年の日本在住の台湾人は四六一一名、そのうち台湾人留学生の数は二三一七名であった。（内閣統計局『第五十九回大日本帝国統計年鑑』による。前掲、紀旭峰、p.53-54）

12 和田博文・徐静波・兪在真・横路啓子「座談会　近代化への憧憬と帝国主義への幻滅」前掲、和田博文・徐静波・兪在真・横路啓子編、p.48　渡部宗助も前掲論文において同様に述べる。（pp.90-98）

13 前掲、紀旭峰『大正期台湾人の「日本留学」に関する研究』p.74

14 前掲、渡部宗助「アジア留学生と日本の大学・高等教育――植民地・台湾からの留学生の場合」p.103

15 前掲、紀旭峰『大正期台湾人の「日本留学」に関する研究』p.52

16 簫氏、黄老師のインタビューは柳本真理子氏と筆者が共同で行った。

17 地方名士の子弟であった李延禧、林柏寿、慶文毅をはじめ一部の台湾人が内地日本の教育を土台にして、のちにアメリカやイギリスの高等教育機関に入学した。（紀旭峰「近代台湾の新世代法律青年と政治青年の誕生――大正期台湾人の『日本留学』を手がかりに」『東洋文化研究』一三号、二〇一一年、学習院大学p.311）「矢張り気の利いた父兄は我家の資産状態の許す限り内地に向つて遊学せしむる、更に又外国へも行かせるといふやうなことを考へ」（呉道士「一台湾人の告白（上）」『東洋時報』一九二〇年三月）たという。（横地啓子「明治・大正・昭和の台湾からの留学生」前掲、和田博文・徐静波・兪在真・横路啓子編、p.359）

18 前掲、後藤朝太郎「在日留学生に就きて」。前掲、紀旭峰『大正期台湾人の「日本留学」に関する研究』

19 前掲、紀旭峰『大正期台湾人の「日本留学」に関する研究』pp.122-125

20 林献堂は台中の富豪で民族運動の指導者。台湾人の中学校設置に尽力したほか、日本で留学生と共に台湾同化会（一九一四年発足）、啓発会（一九一九年）、新民会（一九二〇年）、台湾文化協会（一九二一年）等の民族運動組織の結成、活動に関わり一九二一年から台湾議会設置請願運動を行う。

21 冨田哲「蔡培火――台湾・日本・東亜・中国」前掲、和田博文・徐静波・兪在真・横路啓子編、pp.372-384
22 前掲、紀旭峰『大正期台湾人の「日本留学」に関する研究』p.324
23 洪郁如「理解と和解の間――『親日台湾』と歴史記憶――」『言語文化』五〇、一橋大学語学研究室、二〇一三年、p.20
24 矢内原忠雄『帝国主義下の台湾』岩波書店、一九八八年
25 本多周爾「台湾と香港の若者の対日意識に関する調査研究」『武蔵野女子大学現代社会学部紀要』二、二〇〇一年、pp.131-169
26 酒井亨『哈日族――なぜ日本が好きなのか』光文社新書、二〇〇四年
27 呂宜静「日本人の大学生における台湾に対する意識」熊本学園大学大学院国際文化研究科修士論文、二〇一九年
28 白石さや「ポピュラーカルチャーと東アジア」西川潤・平野健一郎編『東アジア共同体の構築3 国際移動と社会変容』岩波書店、pp.203-226
29 台灣査某編著『台灣女生留學手記Ⅱ』台北：玉山社、二〇一〇年、p.126-130（以下、本書での同書の日本語訳は筆者による）
30 前掲、呂宜静「日本人の大学生の台湾に対する意識」アンケートより
31 岩男寿美子・萩原滋『日本で学ぶ留学生――社会心理学的分析』勁草書房、一九八八年、pp.139-168
32 同右、pp.39-46
33 Young,J., *The Vertigo of Late Modernity*, London: SAGE Publications, 2007. 日本語訳『後期近代の眩暈――排除から過剰包摂へ』木村ちがや・中村好孝・丸山真央訳、青土社、二〇〇八年

第3章　先進への憧憬

グランド・ツアーには、ドイツやオーストリアは含まれないのがふつうだが、これはひとつには、ドイツの宿屋や道路の劣悪なことは定評があったためであり、またフランスやイタリアに比べると、文化的には二流国でしかないという評価がはたらいたためであろう。（本城靖久『グランド・ツアー』より）

本章は、留学という移動の目的と動機について、近代における留学の意味、戦後台湾の留学の潮流、台湾人留学生の留学の目的や動機の大衆化・消費化の傾向、日本社会のもつ先進性の内実の変容（新しいライフスタイルとしての先進性）、台湾人留学生の抱く「自律」という近代個人の成熟に関する評価について考えていく。

留学ということ

人はなぜ異国で学ぶことを選ぶのだろうか。自らの文化圏にないもの、より良いもの、より新しいものへの憧憬からであろうか。より良いものを求めるという意味では、労働を求める移民等の移動とも共通する意識がある。より良いものとしての先進性への憧憬は、近代化を進める国にとって重要な手段と考えられてきた。アジアの留学生が近代西欧から持ち帰ったのは、技術、知識、制度、そして思想であった。山室信一は思想が世界規模で連動するダイナミズムを捉える「思想連鎖」という概念を提出し、アジアにおける西洋の近代化の思想連鎖の「回路」として、翻訳を含む印刷物、留学、お雇い外国人教師、アジア各地の人々により結成されたインター・ナショナルな結社、さらには植民地統治を挙げている[2]。アジアにとって留学は、文化を超えた知の伝搬に関与する重要な異文化接触の一つであったと言える。

異文化接触の歴史において、留学という移動の目的や内容も時代と共に変化してきた。かつて六世紀以降二百年も続いた遣唐使は宗教的な学びを求めた移動と言えるが、ユダヤ教でも紀元前九世紀頃からエルサレム巡礼が行われているほか、多くの宗教で巡礼という移動が行われている。

その後知識の範囲そのものが拡大すると、留学の目的もまた科学的知識や芸術など、範囲を広げていく。現在の短期留学に近いのは一七－一九世紀ヨーロッパにおいて盛んであった「グランド・ツアー」(Grand Tour)である。本城靖久によれば、グランド・ツアーはイギリス貴族階級の子弟の通過儀礼ともなっていた修学旅行的な旅であり、行く先はフランスとイタリアで、フランスではフランス貴族の立居振舞や会話術、フランス語の習得、イタリアではローマ帝国の遺跡やルネッサンス芸術に触れて審美眼を養うこと、イタリア語の習得が望まれていたと言う。ドイツとオーストリアは当時「二流国」と見なされており、ツアーの行き先とはならなかった[3]。現在の留学の原型とも言えるこのツアーは、留学という旅の目的・動機が「先進への憧憬」であることを物語っている。
グランド・ツアーとしての留学は教養教育的な色合いの強いもので、近代以降東アジアを中心とした国々からの学歴主義・競争主義に支えられた長期留学とは目的が異なっており、寧ろ異文化理解を主目的とする、近年の短期留学に共通するところもある。

一方、アジア人の移動は歴史的には労働力としての移民が留学に先行している。積極的に雇用を求める自由移民と、知識や技術を求める留学は、移動を選択する自主的な意思において近接している。

一九世紀初頭から二〇世紀初頭にかけての一世紀を杉原薫は移民「移民の世紀」と呼ぶ[4]。これに沿ってアジア人の移民について見ていくと、一九世紀後半より中国人、インド人の年季契約移民が急増するが、その劣悪な渡航条件や労働条件から、彼らの労働は奴隷的で自由労働とは言えないという指摘もある。だが、杉原は「アジアの移民にむしろ雇用や生活水準の向上を求めて動く自発的な性格があったこと」を、年季契約移民から自由移民への変化に即して示しながら指摘している。杉原はこうした移民の変化について、伝統文明に市場経済が浸透すると、文化や制度の違いに関わらず、交通費の低下と情報の獲得という二条件が整えば、人間は雇用を求めて積極的に移動する可能性が強いと述べている。アジア人の移民における雇用を求める意志は、近代のアジア人が欧米の教育機関に向かう留学における意志と共通するものがある。それは自分や家族の生活の向上という功利的動機であり、先進への憧憬である。

一九三〇年代から一九七〇年頃まで二度の世界大戦、植民地独立を経て、国境を越えた移動は世界的に規制の方向に向かった。杉原はこうした移民の時代の終焉により、移動を通じた所得の平等化の努力が失われたと言う。すなわち移民の時代の産物としての欧米とアジアの間にある経済格差は、以後、両者の力関係を維持する要因ともなった。

近代化としての先進

アジアの国々では、近代化を進める国の発展に留学生が大きく貢献してきた。二〇〇〇年前後、台湾から日本へ短期留学した学生たちも近代化の意味での「先進」について言及している。

数日前、テレビで「東京都」のこの一〇年の変化を振り返るドキュメンタリーを見ました。バックに演歌が流れていてとても印象深い番組でした。日本は台湾に比べてすごく先進的な国だとずっと思っていました。社会秩序があって人々の生活水準が高くて……。でもその番組を見たら、どの国も混乱の中から改革を続けてゆっくりと「已開發國家」（先進国）の列に加わるのだとわかりました。

六〇 - 七〇年代の新宿、渋谷は今のようにビルが林立していなくて、日本の伝統的な雰囲気が残っていました。和服の女性も多く、伝統的な店もありました。七〇年代末期、日本の若者は世界の流行の先端に肩を並べます。ディスコ、音楽、ファッション、髪形もどんどん新しくなりました。この頃台湾はまだ戒厳令に閉ざされた時期でした。

日本の近代化にともなう社会問題は台湾と同じくらいあります。受験戦争の問題、都市の交通や環境問題など。台湾を振り返ってみると、そう悪くはないと思います。ただ日本のように制度や規則の整った先進国家からはまだ距離があって、もう少し時間がかかると思います。

（二〇〇四年一〇月二三日　Mからのメール　台北にて）

時代を辿れば、かつて近代化の過程において日本を目指したアジアの留学生の眼差しの先にあったのは欧米であった。紀旭峰は日本植民地下のアジアの国々から東京に留学した留学生には、日本を通して欧米を見るという二重の意識構造が存在していたことを指摘している。

彼を東京へひきつけたものは何だろうか。それは植民地の知識人の誰もが避けられなかった文化の普遍性に対するコンプレックスである。当時の植民地下のアジアの国々—韓国・中国・ヴェトナム・ネパールなどの知識人たちは日本に集まったが、その理由は、地理的利点と人種的異質感が比較的少ないところで西欧化の方法を身に付けたかったからであって、決して日本的なものを求めたのではなかった[5]。

当時台湾のみならずアジア諸地域から多くの留学生が日本に留学した理由は、「日本の社会・文化そのものを学び取ることよりも、むしろ明治維新以来、西欧文明を急速に吸収してきた先進国日本で、西洋の技術や制度や思想などをより効率的に摂取すること」であった[6]。では、戦後、彼らは日本に何を求めたのか。

ライフスタイルとしての先進

一九八七年に戒厳令が解除されると、日本は再び台湾の若者たちに先進への憧憬を抱かせる留学先となったが、かつての近代化をめざした留学の動機付けとは「先進」の中身がかなり異なったものとなっていた。新たな先進性はかつての欧米を直接モデルとした近代化ではなく、アジアの経済成長と大衆文化を背景としたアジア版のライフスタイルとなった。白石さやはポピュラーカルチャーが東アジアの新興都市中間層の新しい家族像と、家族としてのアイデンティティを形成していることを指摘している。

テレビ・ドラマや漫画・アニメといった東アジアのポピュラーカルチャーの複合ネットワークは、ライフスタイルと、そのライフスタイルを所有する主体としての「子ども」および「近代家族」を生み出した。この「近代家族」は、マーケット・ネットワークの波間でそれぞれに嗜好を育て、選択し、消費し、多彩なライフスタイルを創造し、多分に西洋近代家族モデルを基本にしつつもそれとは異なる「アジア的近代家族像」を生み出している[7]。

日本の大衆文化は新たなアジア版ライフスタイルの発信源となり、台湾は戒厳令解除後にいち早く主にテレビによりその情報を吸収した[8]。一九九〇年代以降日本への短期留学がブームとなり始めた頃、日本の先進性への憧憬を留学の動機とする学生は多かったが、彼らの憧憬としての日本の先進とは、まさにこのアジア版のライフスタイルであった。当時日本に留学した学生は、日本の魅力は「生活」であると断言していた。

Ｂ：とにかくまた行きたいです。努力して絶対また行きたいです。やっぱり日本に一度住んだらすごく大きな動機ができました。

筆者：（Ｂは日本の学校や日本人の学生への不満を語っていたのに）また行きたいんですか。

Ｂ：そうです。すごく行きたい。行かなかったらあいう世界もあるってわからないし、魅力もわからないけど、行ってたくさんのことを見聞きした以上、必ずもう一度行きたくなります。

筆者：魅力って何ですか。風景？

Ａ：生活です。

Ｂ：生活です。多様で多彩で飽きません。台湾に帰ってきたら行く所がなくて、毎日パソコンばかり見ています。

筆者：日本には選択肢が多いってことかな。

Ｂ：そうです。東京駅に行くのが一番好きです。たくさんの人が見られるし、いろんなスタイルの人がいて。そんな生活がすごくいい。

筆者：たくさんの人を見るのが好きなの？

Ａ：台北駅に行けばいいじゃない。

Ｂ：違うよ。東京駅は人が多くて、自分が「先進的」時代に生きているってすごく感じる。

この時のインタビューから一〇数年経った現在、「先進」ということばを台湾の留学生の口から聞くことはほとんどなくなったが、大衆文化を通じて知った日本の都会の姿に憧憬を抱き留学する者は少なくない。そして、留学して現実の日本との差異に失望する者もまた少なくないのである。

（二〇〇四年三月一六日　台北にて）

X：幼稚園ではマンガが好きでした。幼稚園の時、最初に日本語の「あ」を知ったんですが、中国語だと思っていました。漫画のオノマトペは日本語だから。小学校で「セーラームーン」とか見て、中学からドラマを見ました。小学校の頃から留学したかったです。マンガ以外は歌、音楽。音楽はV系（ビジュアル系のグループ）。

筆者：日本に来る前、日本はどんな所だと思っていましたか。

X：印象の中の日本は全部東京みたいな所です。ビルがたくさんあって、遅くまで遊べるって感じです。

（二〇一八年八月二三日　熊本にて）

アメリカへ

戦後の台湾から日本への留学事情を考える際、常に考慮すべきことは台湾からアメリカへの留学事情である。台湾の教育においてアメリカへの留学が如何に大きな地位を占めているかを知れば、「親日」

ということばは安易に使えなくなる。

戦後一九五一年より開始されたアメリカの対台湾援助（US. Aid）により、台湾の教育機関は急速に整備され、一九五三年には国民党政権による私費留学生派遣が開始、一時中断していた公費留学制度が一九六〇年に復活し、留学生数は六〇年代に入って大幅に増加した[9]。台湾からアメリカへの留学生数は五〇年代初期、第二次大戦後より増加を続け、九〇年代前半には四万人近くとなりピークを迎える。戦後台湾の教育への外的な影響力の持ち主は日本からアメリカへシフトし、戦前の高等教育機関の不備を日本への内地留学で補っていた台湾の教育体制は、戦後はアメリカの高等教育機関への留学で補うことになったとも言える。

戦後のアメリカの留学事情をみると、一九四八年にはわずか二万五〇〇〇人ほどであったアメリカにおける留学生数は、一九六〇年代以降アメリカが移民受け入れや高等教育における留学生の受け入れに積極的になると、一九七五年から一九八〇年にかけて年平均一二・五％という高い率で増加した。アジア諸国からの留学生は特に一九七〇年代後半から急増し、一九八八／一九八九年にアメリカが受け入れた留学生の出身国は一位中国（二万九〇四〇人）、二位台湾（二万八七六〇人）、三位日本（二万四〇〇〇人）、四位以下はインド、韓国と続き、東アジアが上位を占めている[10]。一九七〇－一九九〇年代は東アジアからアメリカへの留学が最も盛んであった時代である。

近年では留学生の国籍が多様化し、アメリカへの留学生総数は更に増加の一途を辿り、二〇一六／二〇一七年には一〇七万八八二二人と五〇年余りで約四〇倍にもなっている。出身国は一位中国（三五万七五五人）、二位インド（一八万六二六七人）、三位韓国（五万八六六三人）、四位サウジアラビア（五万二六一一人）、五位カナダ（二万七〇六五人）、六位ベトナム（二万二四三八人）、七位台湾（二万一五一六人）、八位日本（一万八七八〇人）となり日本はかなり減少しているが、台湾は比較的安定した数字を保っている[11]。

九〇年代当時、台湾では政治的に不安定な状況から、留学だけでなくアメリカ国籍を取得する人も多く、富裕層の中には母親がアメリカで出産して子どもに国籍を取得させ、台湾にあるアメリカン・スクールで学ばせた後アメリカの高校や大学に行かせる人も少なくなかった。「ABC」（ABC = American Born Chinese）ということばもよく聞いた。カナダに移住する人も非常に多く、親族の中で誰かは移住していると言ってもよいほどで、移住と留学は当時の台湾では非常に近い行為、すなわち「台湾を離れる」行為であった。留学は本来自らの移動する場所とやがて戻るべき場所の存在を前提としており、移民とは移動の目的も異なるが、当時「台湾を離れる」傾向が強かったことは、台湾社会の政治的不安定、そして人々の国民・国家の意識の不安定を意味していたと思われる。と同時に、教育政策の面から見ると、それまで日本植民地下における台湾人に対する高等教育の不備を戦後アメリカが補ったことは、八〇年代以降、西洋化の批判としての本土化運動の一要因ともなっている。

台湾人留学生の留学先としては、五〇年代よりアメリカが常に突出して多いのは現在まで変わらないが、七〇‐八〇年代には台湾人留学生全体のほぼ九〇％がアメリカに留学していた。この時期に留学生数が急増した理由は、上述したように、世界的に大量移民の時代の産物としての経済格差というアジアの移動を促す潮流があったこと、アメリカの対台経済援助、奨学金制度という政治的・経済的背景に加え、当時まだ台湾では高等教育機関が少なく、急速な経済成長による高等教育への需要が留学により補われていたという国内の教育政策面での理由がある。第二次大戦後一九四九年の時点において台湾には四校の大学しかなく、五〇・八〇年代は私立大学設置が自由化されておらず、国公立大学の増設も少なかった。また、戒厳令下はアメリカ留学後に帰国する者が少なく、正規留学生で平均八％、全体総数で〇・九％とかなり低く、頭脳流出（Brain Drain）の様相を呈していた[12]。七〇年代の有名なフレーズ「來來來，來台大。去去去，去美國」（台湾大学に入ってアメリカに行こう）は、九〇年代にもなお台湾大学構内で学生の書いた落書きや、教育産業の広告などにも頻繁に見ることができた。当時の台湾のアメリカ留学熱、そして台湾の教育システムがアメリカの高等教育に直結していたことを示している。

多様化する留学

一九八〇年代後半になると、留学熱を更に高めるかのように台湾政府の留学政策も開放の方向に向かった。張芳全によれば、「留学規程」が徐々に緩和され高校生の留学が可能になると、留学生数も増加した[13]。一九八九年に「留学規程」が廃止となり、兵役のある男子への制限を除き、台湾の留学政策は開放の時代を迎えた。一九九〇年の留学生数が急増しているのはこのためである。

八〇年代には高等教育機関も急増する。一九八一年以降、民間資金が学校設置に投入されるようになると、私立の専科学校の多くが技術学院に昇格した。私立大学は急速に増加し、一九九九年には私立大学の数が初めて国公立大学の数を上回り、二〇〇〇年度には五五大学、八〇学院の計一三五校となった。

こうした留学開放政策と高等教育機関の急激な増加に伴い、九〇年代後半には台湾の留学はアメリカでの学位取得の時代から多様化の時代に移っていく。まず、アメリカ一辺倒だった留学先が徐々に様々な国に広がりを見せる。多様化した留学先には日本も含まれる。台湾の教育部（日本の文科省に相当）國際兩岸教育司（Department of International and Cross-strait Education）「各年度我國學生赴主要留學國家留學簽證人數統計表」[14]によると、九〇年代後半から現在まで台湾から各国への留学生数は緩やかに増加を続け、日本への留学生数も非常に緩やかにではあるが、増加を続けている。台湾から日本への留学生の総数は、一九九九年二万九〇三六人、二〇一六年三万九八五三人と、一七年ほどの間に約一・四倍に増加した。留学受入れ国では、アメリカが一万五〇〇〇人前後でほぼ横這い、イギリス、カナダ、オーストラリアなど、アメリカ以外の国への留学生数が増え、留学先が多様化する状況が見られる（章末　表6）。

多様化のもう一つは、留学形態の変化による短期留学の増加である。短期留学は一年未満の留学で、学位取得を目的とせず、語学学習と異文化経験を主眼とするものである。

筆者：留学しようと思ったのはなぜですか。

I　：日本に行ったら、実際の日本人の生活に触れることができます。それから、日本人と交流して……日本人の文化をもっと知って、学ぶことができます。……それに、直接日本語を勉強できます。

（二〇〇五年一月一七日　台北にて）

留学が大衆化し低年齢化したことで、個人にとって留学の意味も変化した。短期留学生たちの留学の目的や動機は学位取得目的の学生に比べれば幼く、教員の指導や引率も必要で、多くの場合、留学は授業の一部である。留学中も一〇名ほどの台湾人で集団生活となるため、異文化での適応よりまず先に台湾の友人との共同生活に適応しなければならず、また、帰国後に学習態度が悪くなる（日本人大学生のようになる）など、長期留学とは全く異なる問題が生じる。

教員：私は九九年の一回目からもう六回は引率していますが、一番頭が痛いのは宿舎の問題です。初めて共同生活する学生が多くて喧嘩が絶えません。
筆者：留学から帰った学生は、日本語能力以外で何か変化がありますか。
教員：女子は化粧するようになってますね。髪も染めてる子が多いし。
筆者：態度はどうですか。留学した学生はよく授業をサボるという先生もいますが。
教員：学生の個性にもよりますけどね。学生によっては日本の教え方と台湾の教え方が違うことに意見を言う者もいるし。まあ確かに留学から帰った学生は学習態度がよくない子も多いですね。

（二〇〇五年二月九日　台北にて）

留学の大衆化・短期化は、台湾だけでなく世界的な傾向でもある。ＥＵでは学生や教員の交流を目的としたエラスムス計画が一九八七年に始まり、その後も対象となる国や支援内容も発展している。台湾では九〇年代後半からその傾向が顕著になりつつあった。台湾の國際兩岸教育司によると、イギリスと日本は二〇〇九年から、カナダは二〇一〇年から短期滞在のビザが免除になった。台湾国内の高等教育機関の増加や経済状況などを背景として、以前のように学位取得のために長期間苦労して留学する必要性は薄れ、留学先、期間、目的など様々な面で多様化が進んだ。

日本の大学でもこの時期にはかなり多くの大学が短期留学生を受け入れるようになっている。横田雅弘による二〇〇七年の調査では、年間を通した短期（二週間未満‐一年まで）の外国人学生受入れ数は一万五〇〇〇人超で、調査の有効回答六三一校中、四〇九校（六四・八％）であった[15]。この調査によると、当時の台湾からの短期留学の受け入れは半年から一年の期間が最も多く、九〇の大学が台湾の短期留学プログラムを実施している。中国は一九四校、韓国は二〇一校と、やはり半年から一年の期間が最も多く、一か月から三か月など比較的短期間の多い北アメリカ（二二校）やヨーロッパ（一二校）に比べ（中国六校、韓国五校、台湾一校）、東アジア諸国からの短期留学は半年から一年という短期留学としては比較的長期のプログラムに集中している。近隣諸国への短期留学は、経済的にも精神的にも負担が少なく、より多くの人に留学という選択を可能にしている。

日本語学習者の増加と大衆文化

八〇年代後半から九〇年代の台湾では、大学、技術学院等の高等教育機関の数が増加し、日本語関係の学科の設立も急増した。台湾の日本語学習者の総数（学校教育以外の学習者も含む）は、八〇年代には一万人に満たなかったが、一九九三‐一九九四年に五万八二八四人と急増し世界第五位、一九九六年には一六万一八七二人と世界第四位となっている[16]。日本語能力試験の受験者も増加を続け、（財）語言測験中心（財団法人言語テストセンター）の調べでは、台湾での実施初年の一九九一年に一一四八人であった受験者は、一九九六年には一万一七四二人と、五年間で一〇倍に急増した。戒厳令解除を機にそれまで国立大学で設立できなかった日本語学科が設立されるようになり、高等教育における日本語学科・応用外国語学科が増え、九〇年代に入ると学習者数・教師数が急増した。中等教育の学習者数が圧倒的に多い韓国に比べ、高等教育機関の学習者数が学習者総数の多くを占めているのが台湾の日本語教育の特徴である。国際交流基金が一九九三年に行った世界全体の高等教育機関における日本語学習者数の調査においても台湾は四万四五九〇人と、韓国、中国に続く第三位であり、世界的にも高等教育機関における日本語学習の盛んな地域となった。高等教育機関の増加及び日本語学科の増加は、結果として台湾の留学全体の多様化――アメリカ以外の留学先、短期留学の増加――の一要因となっている。

八〇年代後半から九〇年代の台湾から日本への留学の多様化・大衆化には、世界的な留学の潮流や台湾の高等教育における日本語学習者の増加といった国内外の留学教育を取り巻く理由のほか、台湾社会におけるメディアの自由化も大きく影響している。一九八七年の戒厳令解除後、テレビ、映画、ビデオといった映像作品の自由化により、日本語・日本文化を取り巻く社会状況が大きく変化した。公に日本語を用いることができるようになり、日本語教育機関や学習者数も増加した。日本との断交後一九七三年より日本の映像作品は公式ルートでは輸入禁止であったが、一九九三年に有線電視法（ケーブルテレビ法）が成立してメディアが自由化されると、翌年新聞局がすべての映像作品の輸入と放映を解禁した[17]。筆者が初めて台湾を訪れた一九九四年はメディア完全自由化の年であったが、筆者が台湾に出発する前に前任者たちから引き継がれた注意事項には、日本語の本は税関で没収される可能性が高いと記されていた。

メディアの自由化、特にケーブルテレビの普及は日本のドラマブームを齎した。酒井亨によれば、一九八三年には台北を中心に一五 - 三〇万世帯がケーブルテレビに加入しており、一九九三年には世帯普及率が五〇％を超えアジアでトップとなり、一九九六年には七五％を超え、二〇〇四年の時点では九割を超えていたという[18]。九〇年代のケーブルテレビには、アジア向けＮＨＫ、日本のドラマやアニメを中国語字幕入りで終日流し続けるチャンネルもあった。中でも若者に人気があったのは日本のドラマで、酒井は日本のドラマが「哈日現象《ハーリー》」の起爆剤になったと指摘する[19]。若者へのドラマの影響は大きく、当時の台湾の若者たちの日本に対するイメージは、ドラマにより形成されていることが少なくなかった。当時台北市内の大学付設の語学センターには日本のドラマを学ぶクラスもあり、流暢な日本語会話を操る若い台湾人講師が映像を流しながら教えるそのクラスは大変な人気であった。当時の短期留学生たちもまた、この哈日《ハーリー》の波の中にいた。次の記録は短期留学を終えた台湾の大学四年生たちと筆者が、当時日本の商品で溢れる若者の街であった西門町で食事した時の記録である。

四年Ｃ班のＡ[20]、Ｂが二年生の時の会話クラスの同級生を集めて一緒に食事することになった。一時にＭＲＴ（新交通システム）西門町駅六番改札で待ち合わせた。二人の他にＣ、Ｄ、Ｅが来た。Ｂがネットで探したレストランは Just Red Coffee といって萬華區紅樓廣場にある。西門町は久しぶりだが随分変わっていた。紅樓廣場には日本統治時代の赤い建築物がある。レストランは小さくて特別な感じではないが、ネットや雑誌では有名だそうで、私たちが着いた時は満席でみんな若い人ばかりだった。私たちは一階の席に七人で詰めて座った。学生たちは学生同士話す時は中国語を使い、私には日本語を使う。私はほぼ日本語を使った。この二年でどの学生もそれぞれの個性がはっきりしてきて成長したと感じた。Ａは穏やかな性格だが、留学して自信がついたようだ。彼女は七人の中心的存在となっている。流行の服、いろいろなアクセサリー、自分で塗ったであろう、あまりうまくない二色のネイル。彼女から今日写真入りの手作りのカードをもらったが、やはり器用とは言えないもので、ほのぼのとした彼女の人柄を感じさせた。彼女は写真が好きで、今日もデジタルカメラと、日本で買った玩具のようなポラロイドカメラを持参していた。八〇〇〇円くらいだそうだ。Bが日本語で、「お金ができたらほしいです」と言った。人気の商品だそうだ。彼らの話題は日本で流行している音楽に集中していた。ちょうど店内では日本の流行歌がずっと流れていた。平井堅、メシア……。次の曲が流れると、みんなで誰が歌っているかを当てた。Aは平井堅の歌が好きで、Cは浜崎あゆみの大ファンだった。彼らといると、彼らにとって日本の流行の音楽、漫画、ドラマがどれだけ重要かよくわかる。

（二〇〇五年一月二八日　筆者による観察ノート）

彼らにとって日本の大衆文化はライフスタイルそのものであった。一方で、若者たちの様々な機会において、英語、あるいはアメリカが選択され続けているのも事実である。メディアの自由化により日本の大衆文化も流入したが、見落としてはならないのは、ケーブルテレビには日本語のチャンネルと同じくらい英語のチャンネルもあったということ、そして台湾のいわゆる名門大学の大多数の学生にとって日本語学習は趣味に過ぎず、卒業後はやはりアメリカに留学するということである。

二〇〇〇年前後、筆者が台北郊外にある理系の国立大学で日本語の授業を担当した時、受講生は全員男子で、いずれも幼少期から日本語のゲームで育ち、ゲームの中の日本語を理解するために独学で日本語学習を始めたという学生ばかりであった。彼らは日本語の文法習得も早く、ゲームで学んだらしい語彙も豊富であったが、彼らにとって日本語学習はあくまでも趣味であり、ほとんどの学生が大学卒業後アメリカに留学すると言っていた。同じ頃、台湾の最難関の男子高校で日本語を教える機会を得た。受験戦争の最先端にいる彼らが、大学受験科目ではない日本語を学ぶのは、まったくマニアか憩いとしか言いようがない。中には天才的な外国語学習マニアもおり、英語はもちろん日本語の他にいくつかのヨーロッパ言語も学んでいた。台湾の受験競争は凄まじく、彼らは朝暗いうちに学校に来て夜遅く帰宅する生活を、幼い頃からずっと続けてきた。そんな彼らにとって日本語に触れる時間は癒しの時間でもあったが、大学受験期が近付くと徐々に日本語から離れていった。授業中、台湾のエリートとなる彼らに日本語会話のテキストを示しながら、「彼らは日本語の会話をする機会があるのだろうか」と思うことがしばしばあった。おそらく機会があるとしても、観光に訪れた日本で簡単なことばを交わすぐらいであろう。彼らは将来おそらくアメリカに留学し、英語を使って生活や仕事をするに違いない。彼らの涼しい眼差しの先に日本や日本人は存在しないように見えた。

日本への短期留学が盛んになった当時、大学で日本語を専攻とする学生でも、大学の統一試験で振り分けられ第二志望で日本語学科に入った学生も多かった。大半は英語学科を志望していた。どこの国でも同じような現象があるに違いない。英語は最も力のある言語であり、若者は力に敏感なのだ。

Ｇ：高校の時は私も自分が日本語を勉強することになるとは思いませんでした。普通高校でしたから、点数が何点かで行き先が決まります。私はもともと英語を勉強したかったけど、試験で失敗しました。

（二〇〇七年一月二三日　京都にて）

九〇年代以降の台湾の若者たちの対日意識については、日本人の意識と台湾の現実はかなり乖離しているところがある。それは、台湾人の若者に浸透しているのは日本の文化だけではないこと、また、若者が高度な知識を求める先はアメリカを始めとする英語圏の国々であるということである。アジアから日本の大学への短期留学はますます増えるだろう。若者が日本に求めるのが大衆文化であるならば、長期留学で多くの時間とお金を費やし、苦労する必要はないのだから。

自律している

当時日本に留学した台湾の大学生たちは、しばしば日本の大学生を「獨立」（自律している）と形容した。それは、日本の大学生が経済的に自律しているという意味ではなく、社会や親に拘束されない「自由」「主体性」「多様性」などを意味していた。当時の台湾の民主化の気運は、まだ若年層の個人の意識にまで影響を与えていなかったのか、日本の社会と日本人の若者は、彼らには「自律している」と映っていたようである。そうした日本社会を直接体験することも、台湾の大学生にとって日本留学や日本語学習の強い動機付けとなっていた。二〇〇四年九月から二〇〇五年二月まで半年間日本に留学したMは、留学前から以下のように期待を語っていた。

筆者：言語能力の向上以外に、留学に期待することはありますか。

M　：日本という国をまず知ることです。日本へ行くのは初めてですから。日本は……台湾文化には興味のもてる物がないとは言いませんが、日本文化を知ることは僕にとってとても新鮮です。日本は台湾とはまったく違います。テレビで見た情報ですが、日本はすごく多様で多彩な国です。だからこの機会を利用して行ってみようと思いました。

筆者：テレビで見た、台湾と日本の文化の違いって何ですか。

Ｍ　：そうですね。僕も考えたことがあるんですが、日本人は物事の処理の仕方がとても細かくてまじめだということです。

（二〇〇四年六月七日　台北にて）

留学して一か月ほどしてＭが送ってきたメールには、街で目にした日本の若者の姿が「獨立」（自律している）ということばで表現されていた。

日本の若者は自律しています。ある日スーパーから出てきた時、車を運転して遊びに行く若者を見ました。自分がもし彼だったらと思うと、運転免許さえ取るのも難しく思えました。日本というこの大きな国で、一人の成人はかなりの程度自律しているはずです。台湾、台北に比べると、東京は複雑で、豊かで、変化の多い所です。こんな大きな国にいると、自分が一層小さく見えます。もし早く現実に向き合わなければ、そして、自分で自律して物事に向き合うようにしなければ、この社会では良い立ち位置を得ることはできないでしょう。

（二〇〇四年一〇月一二日　Ｍからのメール　台北にて）

Ｍの言う「自律」は「自由」「多様性」といった意味のほか、「自主性」「成熟」といった社会人としての理想像を含んでいる。「自律」をめぐっては、自らの進路選択や台湾の社会について思い及んだ者もいた。

筆者：では、日本に留学する前とした後で、女性に対する理想は変わりましたか。

Ｋ　：日本に行ったのを「きっかけ」（日本語）に、自分が卒業したら何をしたいか考えるようになりました。もともとみんなと同じように留学試験を受けたり、大学院に進んだりはしないで、小さな仕事を探そうかなと思っていました。

筆者：そうですか。

Ｋ　：私はそれほど勉強が好きではないけれど、もし今すぐに仕事に行ったら、ずっとそのまま仕事をしなきゃいけないのかなあって。それで、しばらく旅行に行こうと思っています。

筆者：それはいつ考えたんですか。

Ｋ　：日本にいた時です。台湾の生活も好きですが、日本で一人で暮らすのはすごくいいです。いつも新しいことが起きます。日本に残ってそのまま勉強したいと思ったんですが、実は勉強したいんじゃなくて特別な大学生活を送りたいだけだってわかったんです。それで、じゃあ旅行に行くのがいいかなと思いました。

筆者：へえ。面白いよね、Ｋさんの考えも。日本の大学生がいろいろなことをしているのを見たのかな？途中で休学して海外に行ったり？

Ｋ　：たくさんの日本人がそんな感じです。もともとそんな勇気がありませんでしたが。実は日本人や台湾人の子どもはそういう人が多いんじゃないでしょうか。両親が学費を出してくれて、両親に面倒を見てもらって。でもアメリカや国外の子どもは、しばらくアルバイトしてお金を貯めてから自分で学費を払います。だからもっと自律しています。卒業してから勉強を続けたいというのは、仕事から逃げる口実に思えます。そういう人は多いんじゃないでしょうか。そんなにたくさんの人が勉強が好きなんて信じられません。

（二〇〇五年一月一七日　台北にて）

ここでKが使っている「自律」は、親から離れる「自由」、自分がしたいことを自分で決める「自主性」、経済的な「独立」の意味をもっている。興味深いのは、Kがここでアメリカの学生の例を出し、「自律」というスケールで、アメリカや「國外」（おそらくここでは欧米諸国を指すのであろう）の子どもは、日本と台湾に比べ自律していると考えていることである。アメリカの大学生が自分で学費を稼ぐ話は日本でもよく耳にする。多くの日本人も同じように「欧米の学生はアジアの学生より自律している」と思ってはいないか。そして、なぜ「自律」していることが人の理想像として掲げられるのか。なぜ日本人も台湾人も「欧米人の方が自分たちより自律している」と考えるのか。

自律した人間を理想の人間像とするのは本来欧米の近代の人間観であり、台湾でも日本でも先進国としての度合いを測る近代化の基準の一つとしてどこかで無意識のうちに教えられ、ステレオタイプとなっているのではないか。

犬飼裕一は、「自律した個人」という概念について「社会の生まれる場所」との関わりで論じているが、この概念が、欧米先進国では近代に「自律した個人」が確立されたのに対し、「遅れた社会」である日本は集団志向で「個」の確立が不十分であるという日本人論の言説に繫がっていると指摘している。

その種の（日本人論）言説によると、アメリカ合衆国や北西ヨーロッパ――いわゆる「欧米」――の人々は「自律した個人」であるのに対し、「日本人」は、集団志向で「個」の確立が未成熟であるということになる。つまり、「欧米」の先進近代社会は「自律した個人」をいち早く確立したのに対し、遅れた社会である日本では、その種の個人の成立が未達成なのだと主張される。そして、「自律した個人」の確立こそが日本社会の至上命題だということになる。……（中略）…… また、場合によっては、「自律した個人」ではないことが「欧米」とは違う日本の独自性なのだといった形で論じられることもある。これは、「自律した個人」を至上の価値として賞賛する「欧米」への屈折した自意識であると考えることもできるだろう。それらは、視点を変えていえば、西洋化、すなわち近代化を推進しようとする途上国の知識人に共通する立場であると考えることもできる。つまり、「自律した個人」について自明のことのように書くヨーロッパ人やアメリカ人の本を読んだ各地の知識人が、各々の社会で現実に目撃される「自律した個人」の不在状態を非難するという図式である。一方には、近代ヨーロッパの理想があり、他方には各社会の現実が対比される[21]。

日本人、あるいは西洋人をより自律した個人と見なす台湾人留学生の発想には、近代化の意味を含む先進への憧憬が含まれている。

一方で「自律」という概念には人の成長と関わる教育的な意味も存在する。岡田敬司は子どもの自律性を教育学的課題として捉え、自律に至る三つの道「自律的な大人（教育者）をモデル学習する」「教育者の他律の干渉に反抗し、それを否定することによって自律に至る」「他律の教育で得られた断片的知識が蓄積され、それがある時点で臨界点に達して全体性を立ち上げる」を挙げている[22]。この三つの道は、日本留学という経験の中で実践的に実現されていると考えられる。自律的な日本人を見てモデル学習し、両親の他律の干渉を離れ、日本語を含め台湾で受けた他律の教育の知識を日本で実践的に位置付けることができた時、留学中の個々の出来事や経験に意味を感じ、自律的判断が可能になるのであろう。留学は青年期の学生の成長としての自律を促す道を効果的に提供する機会でもある。

「獨立」は近代化の意味を含む先進への憧憬と、青年期の学生の教育学的課題という、大学生の留学教育のもつ重要な二つの動機付け・目標を表している。

表6　1950-2017 年　台湾留学生人数統計表

1950-1987 資料：「民國 39 年至 78 年出國留學生人數統計表」／1988-1997 資料：「1988-2007 年我國學生主要留學國家簽證人數統計表」／1998-2005 資料：「各年度我國學生赴主要留學國家留學簽證人數統計表」／2006-2016 資料：「近 10 年我國學生赴主要留學國家留學簽證人數統計表」/2017 資料「106 年度世界各主要國家之我留學生人人數統計表」いずれも教育部國際及兩岸教育司 HP より引用し筆者が 1 つにした。年度が重複する資料は新しい方を優先して引用した。1988-2016 年の資料は留学ビザ発給数であり、留学ビザ発給数は実際の留学生数より少ないはずである。* は資料がないとされている。

	US	日本	AUS	UK	フランス	ドイツ	カナダ	NZ	他	合計
1950	213	1					2			216
1951	332						7		1	340
1952	360				2		7		8	377
1953	123	2			1		3			129
1954	355	18			1		14		11	399
1955	656	97				6	15		16	790
1956	410	21	1			3	33		51	519
1957	400	40	2		2	13	18		42	517
1958	570	68			1	11	9		15	674
1959	521	77	2		3	4	13		5	625
1960	531	90			3	2	10		7	643
1961	733	186	2		8	23	15		11	978
1962	1387	273	2	8	14	43	78		28	1833
1963	1685	225	2	4	15	33	129		32	2125
1964	2026	267	5	7	12	34	125		38	2514
1965	1843	281	3	9	14	39	111		39	2339
1966	1696	220	9	5	30	24	164		41	2189
1967	2047	167	1	5	21	29	144		58	2472
1968	2272	199	7	3	27	31	107		65	2711
1969	3015	122	4	7	66	54	58		118	3444
1970	1825	68	1	1	24	21	35		81	2056
1971	2289	78	2	10	30	28	14		107	2558
1972	1867	84	5	8	46	37	16	1	85	2149
1973	1650	74	8	11	48	42	30	1	102	1966
1974	1992	73	9	14	28	37	43		89	2285
1975	1824	112	6	26	34	68	139		92	2301
1976	3173	156	6	31	27	70	111	1	66	3641
1977	3369	222	3	27	49	60	44	1	77	3852
1978	4350	174	5	22	14	68	33		90	4756
1979	5463	112	4	22	15	66	31		88	5801
1980	5572	116	4	24	17	73	19		108	5933
1981	4976	142	6	18	19	82	19		101	5363
1982	5572	118		21	42	65	12		95	5925

1983	5371	118	3	13	30	61	10		84	5690
1984	5066	142	2	26	24	60	9		81	5410
1985	6052	162	4	39	62	81	9	1	89	6499
1986	6382	182	7	36	80	103	11	1	97	6899
1987	6052	224	8	38	69	92	13		103	6599
1988	6382	1430	41	49	115	144	15	2		8178
1989	9519	2305	*	1513	1991	350	1201	*		16879
1990	12002	2145	*	2324	533	635	1652	170*		18461
1991	13429	2990	799*	1991	553	472	2133	274		22641
1992	12936	2053	1508	2021	535	460	1671	290		21434
1993	11577	1715	1709	2882	525	387	1507	552		20854
1994	10309	1350	2183	3968	437	481	1997	701		21446
1995	10679	1645	2972	5131	603	462	2610	649		24751
1996	13425	1480	2884	5095	437	312	3031	275		26939
1997	14042	1700	2126	6414	355	345	2280	365		27627
1998	13109	1649	2092	6173	342	305	2359	342	730	27101
1999	14443	1573	2065	6553	411	295	2159	391	1146	29036
2000	15547	1753	2104	8567	552	313	2583	496	900	32162
2001	14878	1696	2397	7583	562	345	2296	645	1760	30402
2002	13767	1745	2894	9548	529	400	2433	740	1775	32162
2003	10324	1337	2823	6662	627	442	1813	571	1719	26318
2004	14054	1556	2246	9207	580	402	2149	534	1797	32525
2005	15525	1748	2679	9248	600	475	2140	498	1145	34058
2006	16451	2108	2862	9653	690	512	1997	538	2360	37171
2007	14916	2424	2570	7132	723	606	2014	618	2018	34991
2008	19402	2638	2370	5885	983	558	3266	596	2102	37800
2009	15594	3143	4176	3895	882	646	2320	469	2504	33629
2010	15890	3253	3633	3610	935	702	2814	379	2665	33881
2011	16023	2825	3149	4446	814	636	912	743	2879	32427
2012	15219	2810	3198	3378	*	512	826	250	2605	28798
2013	14563	3140	2553	3367	955	787	1771	553	3503	31192
2014	14135	3885	5237	3826	1064	901	1109	540	3928	34625
2015	14547	4703	6651	3408	1100	1252	1271	671	4563	38166
2016	14332	5062	6493	3272	1132	1433	2282	772	5075	39853
2017	21127	9642	16573	3920	1004	1755	3202	1820		63270

■注

1 本城靖久『グランド・ツアー』中公新書、一九八三年、p.5

2 山室信一『思想課題としてのアジア』岩波書店、二〇〇一年、p.14

3 前掲、本城靖久『グランド・ツアー』p.5

4 杉原薫「近代世界システムと人間の移動」『岩波講座　世界歴史一九　移動と移民』岩波書店、一九九九年、pp.3-61

5 李修京『近代韓国の知識人と国際平和運動――金基鎮、小牧近江、そしてアンリ・バルビュス』明石書店、二〇〇三年、pp.40-41　原文は洪廷善『文芸中央：八峰金基鎮評伝2回』中央日報出版局、一九八五年（紀旭峰『大正期台湾人の「日本留学」研究』龍溪書舎、二〇一二年、p.114より引用）

6 前掲、紀旭峰『大正期台湾人の「日本留学」研究』pp.34-52

7 白石さや「ポピュラーカルチャーと東アジア」西川潤・平野健一郎編『東アジア共同体の構築3　国際移動と社会変容』岩波書店、pp.203-226

8 一九九七年台湾の人口一〇〇〇人当たりのテレビ保有率は九九二台で日本の七〇八台を上回りアジアで最多であった。（前掲、白石さや「ポピュラーカルチャーと東アジア」p.220より）

9 小林文男「戦後台湾の海外留学」『国立教育研究所紀要』九四、一九七八年、pp.171-185

10 望田研吾「第8章　アメリカの留学生の受け入れ」権藤与志夫編『世界の留学――現状と課題』東信堂、一九九一年、pp.109-123　統計資料 Institute of International Education, *Open Doors:1988/89*, 1989,p.21

11 数字は Institute of International Education HP（二〇一八年八月三〇日検索）

12 前掲、小林文男「戦後台湾の海外留学」p.179

13 張芳全『我國與留學地主國間留學互動模式之探索暨我國未來留學人數之預測』國立政治大學教育學研究所碩士論文、一九八四年。「留学規定」は一九五四年に公布された留学教育に関する規程。留学するには教育部の試験に合格する等多くの制限があった。

14　「台湾の『大学教育政策白書』（全訳）」『レファレンス』二〇〇三年一月号

15　横田雅弘「年間を通した外国人受入れの実態調査」平成一九年度文部科学省先導的大学改革推進経費による委託研究、二〇〇八年。なお、同報告書によれば、JASSOによる二〇〇七年五月一日付の調査では、短期留学生数は約八〇〇〇人である。

16　国際交流基金『海外の日本語教育の現状　日本語教育機関調査・一九九八年（概要版）』一九九八年による。調査は財団法人交流協会（現在の公益財団法人日本台湾交流協会）によるもので、調査票を台湾のすべての高等教育機関（一三七機関）、中等教育機関（一八七機関）に送付、二二七機関より回収し、回収率は高等教育機関七九・五％、中等教育機関五八・五％、全体六五・三％であった。

17　酒井亨『哈日族――なぜ日本が好きなのか』光文社新書、二〇〇四年、p.23-58

18　同右、pp.54-55

19　同右、pp.9-22「哈日」は台湾語で「日本が好きでたまらない」の意味で台湾人若手漫画家の哈日杏子が一九九七年『早安！日本（おはよう、日本）』で初めて使用した。日本の大衆文化に熱中する若者たちは「哈日族（ハーリーズー）」と呼ばれた。

20　ここでの記号はこの記録内のもので、インタビュー対象者の記号とは異なる。

21　犬飼裕一「社会はどこで生まれるのか――西原和久『間主観性の社会学理論』（新泉社二〇一〇年）をめぐって」『北海学園大学学園論集』一四七、二〇一一年、pp.1-13

22　岡田敬司『「自律」の復権――教育的かかわりと自律を育む共同体』ミネルヴァ書房、二〇〇四年、pp.9-11

第4章　おとなしいということ——アジアのオリエンタリズムと女性性

フローベールは、外国人で、相当に金持ちで、男性であったが、これらの条件は、支配という歴史的事実にほかならない。この事実のおかげで、フローベールはクチュク・ハネム〔娼婦の名前〕の肉体を所有するだけではなく、彼女の身代わりの話し手となって、彼女がどんなふうに「典型的にオリエンタル」であるのかを、読者に物語ることができたのである。ただし、問題はフローベールがクチュク・ハネルに対して優位であった状況が決して例外的なものではなかったことである。フローベールにとっての力《ストレングス》の状況は、東洋と西洋とのあいだの力関係の型《パターン》ならびにそのような状況のおかげで成立したオリエントに関する言説《ディスクール》をはっきりと象徴しているのである。

（サイード『オリエンタリズム』[1]より）

女性性のロケーション

ここでは二つの女性性（femininity）をめぐり、台湾人と日本人の間に存在するオリエンタリズムに基づくセクシュアリティ[2]及びジェンダーに関する意識について見た後、留学生の視点により炙り出された、現代の日本社会における若さの規範化について述べる。

女性性の一つは、日本人の中に根強い、アジアあるいは植民地への連想、すなわち「オリエンタリズムにおける被支配者のメタファーとしての女性性」の認識である。被支配者のメタファーとしての女性性は本来必ずしも現実の女性という性別を意味するわけではなく、「弱さ」「受け身」といった被支配者を象徴するものであるが、実際には沖縄での米軍兵士による婦女暴行事件のように、男性の支配者と女性の被支配者の間で生じるセクシュアリティの問題が多いのも事実である。アジアの留学生の適応に関する問題でセクシュアリティに関わる問題はあまり取り上げられることがないように思われるが、歴史や政治の話題と同様に、避けられがちな話題であるのかもしれない。

以下では、「おとなしい」という女性性を表す象徴的な形容がしばしば日本人から台湾人に付され、同時に女子留学生がセクシュアリティの問題に遭遇することなどから、アジアの成員間において被支配者としてのメタファーとしての女性性の再生が行われていることを述べる。

もう一つは、東アジア各社会での「ジェンダーにおける女性性の固定化」への気付きである。東アジア全体を一括りにする粗雑な東アジア観は、本来オリエンタリズムにおける西洋の視点によるものであり、一九九〇年前後のアメリカの社会学等において東アジアのジェンダーの現状は、儒教、あるいは家父長制[3]という概念により一律に分析されがちであった。瀬地山角は東アジアの家父長制をめぐり各地域のジェンダーを比較し、「日本では特に『日本の性差別の起源は儒教にある』といった言説があまりに学問的検討も経ぬまま流通している」と述べ、同じ儒教文化圏とされる東アジアのなかで比較を行うことの必要性を主張している[4]。

アメリカに留学した藍佩嘉もまた同じような思いをもっていた。日頃アメリカ中心主義を批判するアメリカ人研究者たちが、台湾でのフィールドワークの分析の際に用いるのは、「面子」「関係」「人情」といった中国を形容するのに頻繁に用いられるステレオタイプな概念であることに失望し、こう憤慨する。

いい加減にして。台湾人みんなが儒教徒ってわけじゃないんだから。

（藍佩嘉「泅游異郷的失聲人魚」[5]より）

奇妙なのは、西洋から東洋に対してだけでなく、東アジア諸国の成員が、時に西洋の視点による固定観念でお互いを見ているということである。東アジアのそれぞれの社会でジェンダーの内実や女性性の概念は異なり、また急速に変化しているにも関わらず、アジアの成員自身がお互いにそれを知らず、西洋のアジア研究者による分析の概念が一般に浸透している。例えば、「日本の女性は良妻賢母を理想とし、専業主婦が多い」と信じる台湾人留学生は現在でも少なくないが、実際の日本では女性の役割意識も変化しているという現実に、留学によって気付く学生も少なくない。

おとなしいということ

【短期留学生の面談記録より】

二〇〇七年三月、台湾の大学から京都の大学に短期留学していたTは、友人の台湾人留学生と共に九州のある地方で行われた留学生の農業体験ホームステイ・プログラムに参加したが、京都に戻ってからその時のホームステイ先の「お母さん」から届いた手紙に返事を書くべきか悩んでいた。書きたくないのだと言う。この農業体験プログラムは、留学生が夏休みに四週間ほど農家に滞在し、農業の手伝いをしながら日本の地方の生活を楽しむという企画で行われ、当時は毎年筆者の勤務する京都の大学の台湾人留学生たちがこぞって参加していた人気のあるプログラムであった。ホームステイ先は農家だけでなく居酒屋などもあり、そこで手伝いをしながら家族のように滞在する面白さが、大学では味わえない楽しい経験として、毎年来日する台湾の短期留学生の間で代々語り継がれていた。Tが滞在した家は老夫婦だけの農家で、お母さんは親切で生活に不自由はなかったが、七〇歳を過ぎた「お父さん」が夜中にTの部屋を頻繁に訪れてはおしゃべりして行くことに大変な抵抗を感じていた。その話の内容も男女の関係に関わるような話が多かったという。「台湾のおじいさん（老爺爺）にはあり得ないことだ」と彼女は静かに繰り返した。つらそうだったのでそれ以上何があったか聞かなかった。彼女は台湾にいる母親に電話で相談したが、結局「黙っている」ことにして夏休みを終えた。そこへホームステイ先の何も知らない「お母さん」から手紙が届き、Tは心から感謝して返事を書くことができなかったのだ。無視すればいいのに、真面目な彼女にはそれもできず、筆者のもとへ相談に訪れたのだった。

結局筆者は「Tは体調が悪いので手紙が書けない」という手紙を「お母さん」に送り、一方でプログラムの主催者に今回のことを伝えた。改めて聞くとTは今回のことだけでなく、普段から京都の大学近くにある寮の周辺でも「老爺爺」のために不愉快な思いをしていた。コインランドリーでいきなり見ず知らずの「老爺爺」に手を握られたこともあると言う。また、留学生を囲む懇親会で酔った「老爺爺」に付きまとわれたこともある。Tは「台湾ではおじいさんはおじいさんだし、お母さんはお母さんです。でも、日本はおじいさんらしくない人やお母さんらしくない人が多い」と言って、理解できないという顔をした。

（二〇〇七年八月　京都にて）

Tは台湾人の女性であり、「おじいさん」は日本人の男性である。この問題は単に男性による女性へのセクハラとして片付けられず、オリエンタリズム、あるいはポストコロニアルな意識の問題へと発展する可能性に繋がっている。以前は悪名高き東南アジア売春ツアーなども存在したが、現在もなおアジアの女性に対する抑圧的な意識をもっている日本人は少なくないのではないだろうか。「おとなしい」という女性性は、日本人が台湾人に対して抱いている「親日」という意識を構成する重要な要素であると思われる。そこに存在するのは、従順で文句を言わず自分を肯定してくれる、支配しやすいという支配者の意識である。

筆者：交流の席で不愉快なことはありましたか。

X　：そこにはたくさんおじいさんがいたから、私はないですが見たことはあります。中国人の女の子にすごくべたべたしているのは見ました。それで「女性はおとなしく座っているべきだ」みたいなことを言って、お酒を勧めて手を握ったりしていて不愉快でした。お酒を飲みすぎていたんだと思います。担当者の人が急いで行って引き離していました。

（二〇一八年八月二三日　熊本にて）

「おとなしい」という形容はアジアの女性全体に対する西洋の意識を表象する。日本人を含めアジアの女性は皆西洋に行って初めて、自分が「アジアの女性」として見られることを自覚する。九〇年代にアメリカの大学院に留学した台湾人留学生は、アジアの女性が中国人、日本人といった国籍や民族を無視されて「アジアの女性」として一括りにされ、白人男性からオリエンタルなステレオタイプのイメージで見られていると述べている。

人種のルツボと言われるアメリカ、特にアジア系移民の少ないコネチカット州の環境では、私は「他者」の眼には「アジアの女性」として映るのだということがわかった。アジアとは地域ではなく、言語や文化でもなく、私の外見に存在するものであり、身体の中にも存在しているものである。私が何も言わなければ、他の人は私が中国人か、日本人か、もちろん台湾人なのかはわからない。ただ「アジアの女性」（that Asian woman）なのである。……（中略）……　アジアの女性のイメージは過剰に欲情をそそるものとなっており、白人男性の想像の中のアジアの女性のイメージは往々にしてやさしく、従順でエキゾチックなものとなっている。

（范雲「成為台灣查某——身體的、文化的、政治的女人越國界認同經驗」[6]より）

オリエンタリズムにおける被支配者としての女性性のイメージは、白人男性だけでなくアジア人男性にも共有されている。丸川哲史は映画『非情城市』に登場する日本人女性、台湾人女性のオリエンタルな記号としての描かれ方について述べている。

近代中国をジェンダー的観点から読み直す企てを行っている坂本ひろ子は、『悲情城市』に登場する日本人女性、台湾人女性が「清楚無垢で、健気、芯は強くともおとなしい」、オリエンタルな記号として描かれていることを指摘し、さらに、それらの女性と最近のウーロン茶のCMなどに登場する「女性」とのフェティッシュな連続性に注意を促している[7]。先の陳の構図[8]に従えば、まさにこのような「女性」の表象こそが、ネイティヴの記号として、男性顧客の消費の欲望を促す大きなモメントになっている、ということになる[9]。

女性性は「無抵抗」「弱さ」「受動性」といったオリエントの特徴を表すことで、アジアの男性からアジアの女性に対しても付与される表象となっており、メディアなどにより無意識のうちに人々の固定観念が作り上げられる。

サイードはその著書でオリエントが「オリエント的なものに仕立て上げられた」例として、フランスの小説家フローベールと、彼が旅行記に描いたエジプト人娼婦の関係を例に挙げているが、この典型的な支配関係は相手が女性でしかも娼婦であるという明確な貶めの意識を含んでいる[10]。支配関係における女性性を決定するのは支配者たる「外国人で、相当に金持ちで、男性」であるが、正確には「外国人」だったからではなく「フランス人」だったから支配者になれたのである。

一九九〇年代、台北の大きな歓楽街は日本人駐在員、男性観光客で賑わっていた。彼らは「日本人で、そこそこ金持ちで、男性であった」から、大手を振って王様のように遊ぶことができた。かつて植民地であった場所とは知らないかのように。彼らにとって「親日」とは対等な関係での親和の情を意味するものではなく、支配や抑圧に対する「無抵抗」を意味するものであったに違いない。

現在もなお「親日」に含まれる女性性の含意は、台湾を含むアジアの女子留学生の身の上に不愉快な異文化経験を齎し続けている。

T：コインランドリーで一人のおじいさんと話してたんですが、なんかこう肩をくっつけてくるんで変だなあと思いながらおしゃべりを続けてたら、両手をこう、……びっくりして逃げました。七、八〇歳のおじいさんですよ。ほんとに嫌な気持ちになりました。（二〇〇七年一月一五日　京都にて）

オリエンタリズムの女性性には、無抵抗などの弱さを基軸とした概念以外に、もう一つ、エキゾチシズムということばに代表される、「未開」「野蛮」といった概念に繋がる「後進性」の含みが存在している。ポストコロニアル研究における一九八〇年以前の「親日」について丸川哲也は、台湾をエキゾチックで女性的なイメージで捉える日本人の意識を「男性観光客的な態度」[11]と評しているが、台湾が南の島であることは、韓国や中国のような大陸よりも一層女性性を誘発する起因となっている。

エキゾチシズムを含んだ女性性による支配関係の問題は、漢民族が台湾に移住し始めた一二世紀以来、台湾の内部における漢民族と先住民の間の支配関係にも存在している。台湾の先住民族はその風貌や文化もエキゾチシズムを体現した存在であるが、日本統治時代も含め長年台湾社会の底辺にあり、一九八〇年代には台北の風俗街には多くの先住民族の売春少女がいた[12]。オリエンタリズムの女性性は、被支配者に対する様々な幻想を表す概念により構成され、何重にも重なる入れ子型の差異化の構造を今もなお生み出している。

ところで、日本人はあまり意識していないが、日本もまた西洋から極東の島国として女性的なイメージで捉えられてきた。絵画におけるジャポニズムに見られるオリエンタリズムを論じた宮崎克己は、日本を訪れたことのない西洋の画家が「空想の」日本女性を描いた作品について、「圧倒的な力をもつ西洋男性が、無力な日本女性をいわば意のままにする物語であり、典型的なオリエンタリズムのひとつと見なすことができる」と述べている[13]。日本が自身の女性性を無視し、台湾に女性性を見る眼差しはタイワニズムとでも呼ぶべきであろうか。

グローバリゼーションとセクシュアリティ

オリエンタリズムという側面だけでなく、近代アジアにはグローバリゼーションとセクシュアリティの問題も存在してきた。近代日本社会のセクシュアリティに関わる問題は、一九世紀後半の九州における「唐行（からゆき）さん」に遡る。長崎県島原、熊本県天草などの農村や漁村の貧しい家庭の娘たちで、東アジアや東南アジアの娼館で娼婦として働いた女性たちを指すことばである。グローバリゼーションとセクシュアリティの問題は、第二次大戦中には従軍慰安婦の問題、そして戦後一九七〇年代日本人男性観光客による東南アジア諸国でのいわゆる売春ツアーの問題、一九八〇 - 一九九〇年代のフィリピンなどからの「じゃぱゆきさん」[14]の問題へと続く。

こうした歴史的背景も加わり、現在も日本社会はアジア諸国の女性たちに対する特異な感情を内在させている。特に比較的高齢の男性との間で冒頭に述べたような問題が起きており、多くの場合表面化していないようであるが、留学先でのこのような経験が学生に与える影響は計り知れない。

筆者：三月にホームステイに行った時、（T「不愉快」）不愉快なことがあったでしょう？　それから日本の社会や日本人への考え方への影響はありましたか。

T　：多かれ少なかれあったと思います。このことでしばらく落ち込んで、しばらく、……一、二か月は気分がよくなかったけど、徐々に調整できてきました。それにホームステイから帰ってからしばらくは彼らが連絡してきて。メールや電話で。でも私はまったく返事をしていません。彼らがずっとメールで連絡してるのは知ってましたけど。（筆者「彼らって？」）その家のおじいちゃんとおばあちゃん。で、私は全然返事をしていません。おばあちゃんは電話してきて留守電にメッセージを入れていた。私は「私、忙しい」ってメールを書いただけ。

筆者：そう。いつごろメール書いたの？

T　：六月ぐらい。最近どうって聞いてきて。だって、帰ってきたばかりの時、二回電話があったけど、ほんとに彼らと連絡したくないと思って。それで、ずっと連絡があっても知らないふりをしてました。でも、今は帰国前に手紙かメールを出そうと思っています。もう私に二度と連絡しないでほしいって。

筆者：今はどう？

T　：当時は落ち込んでいて。こんなこと……。ホームステイっていうのは、ほとんどの人は誠意があってやっていると思うけど、日本の一部の人、「おじいさん」の問題。あのことがあってからその年代の人には近付かないようにしてます。だからその後はそんなことないんですけど。

筆者：他の人のことでそんなこと聞きませんか。

T　：Wは居酒屋のバイトでおじさんに触られたって言ってました。そんなの聞くと印象がもっと悪くなって。

（二〇〇七年七月六日　京都にて）

留学生が招待される国際交流活動の宴席などでの日本人男性によるセクハラ、パワハラと解される行為は、しばしばアジア系女子留学生たちの話題となる。留学生たちが驚くのは当の日本人男性の振る舞いだけでなく、それを許容する周囲の日本人の態度である。宴席で女子留学生に酒を注ぐことを強要する男性を、周囲の日本人は当然のように笑顔で見ているだけでなく、日本人の女子大学生が進んで酒を注いでさえいるということが、多くの留学生には驚くべきことである。本人と、それを笑って見ている、あるいは無視している周囲の日本人はおそらく、それがアジアの留学生だからというわけではないと言うかもしれない。だが、西洋人の女子留学生に同じことをするだろうか。

被支配者のメタファーとしての女性性の再生は、アジアの成員間では西洋／東洋という二項対立の境界が不明確なために、同じ国内における社会の問題として捉えられてしまい、問題が見えにくくなっている。日本でのセクハラ問題の中に、アジアの女性へのセクハラ問題が紛れてしまっているということである。

X　：コンビニでバイトの時にセクハラされたことがあります。バイトを始めたばかりの時、一人の男性が他の人をみんな別のところで仕事をさせて、残ったのは彼と私だけになると、しつこく私に飲みに行こうって言い続けて。私が「だめ、彼氏がいる」と言っても「大丈夫だよ」と言って、人がいない時に私の太腿を触りました。

筆者：何歳くらいの人？

X　：二七歳か三〇歳くらいかな。私はずっとそばに行かないようにして他の人を探しました。私が着替えていたら入ってきて、「絶対に飲みに行かない？」って。私は「行かない」って言い続けました。すごく気持ち悪かった。後から店長が聞いてすごく怒りました。

筆者：気持ち悪いね。

X　：その人は「オタク」って感じでした。

（二〇一八年八月二三日　熊本にて）

こうした状況で「Xが台湾人だから」ということは読み取りにくい。「オタク」の男性は他の日本人女性にも同じことをしていたのかもしれない。だが、彼は少なくともXの外観と日本語から、Xがアジアの女性だということは知っていたはずである。西洋人に同じことをしただろうか。「オタク」の男性がXを選んだのは、Xの外観やアジアの女性という属性が「おとなしい」という判断を覆さなかったためであろう。日本人男性のアジアの女性に対する同様の問題は、現在、急増するベトナム人女性労働者との間でまた繰り返されつつある。

男尊女卑

もう一つの女性性をめぐる問題は、社会的な性別、ジェンダーと家父長制との関わりにおける女性性についての、アジアの成員相互による固定観念の問題である。中国や台湾で今も根強い男子の誕生を喜ぶ風習、母性に過度に固執する日本人の意識などは、いずれも当該社会のジェンダー、女性性／男性性の問題を含んでおり、当然それぞれの社会による差異や、時代による差異が存在するはずである。それにも拘らず、アジアの成員相互の理解が深まらないのは何故であろうか。

中国の家庭関係は、伝統的な観念が深い家庭のほか、上下尊卑の限界は、それほど厳しくないです。日本の家庭で家族の間の関係は上下の尊卑がはっきりしています。例えば、妻は夫に従うべきで、後輩は目上の人の前で恭しく尊敬して、男性の地位は女性に優れるのです。そのため、家庭の雰囲気も明らかに異なっています。中国の家庭の雰囲気は比較的な楽で、自由ですが、日本の家庭の雰囲気は比較的に重苦しいです。

（中国人留学生による作文より二〇一八年一〇月　熊本にて）

どうやらこの文章は何かから引用した中国語を翻訳したらしいが、こうした文章が中国で流布しているならそれも問題であるし、また、二年近く日本に住む留学生がこの内容をそのまま日本で発表するのも残念なことである。日本の女性は良妻賢母、男女の関係は男尊女卑といった固定観念は、確かにそう言える部分もあるが、日本に留学している学生の認識としてはあまりに粗雑である。

この章の冒頭で、九〇年前後アメリカ人研究者たちが中国研究で用いていた「面子」「関係」「人情」といったステレオタイプな概念について述べたが、確かに東アジアの国々のジェンダーは西洋の諸国からは往々にして固定したものとして考えられがちである。九〇年代にアメリカの大学院に留学した台湾人女性は、アメリカの大学院での経験を「第三世界」ということばをめぐって語っている。彼女は西洋学術界における「第三世界」の本質化と他者化[15]という差異化に対するサイードの批判を引用しながら、アメリカの学術界においてさえ「第三世界」が一括りに同一カテゴリーとみなされ（本質化）、人々が気の毒な受難者として「他者化」されていることへの批判を綴っている。ある日の授業中、白人キリスト教徒の同級生がタイの娼婦について調査したレポートに、クラスの皆が涙を流している時、彼女は一人全身に鳥肌を立ててこう思うのだ。

だって私にはそのタイの女性の声は聞こえず、ただ「第三世界の女性」というレッテルを張られた、顔もはっきりしない、愕然と押し黙るカカシが見えただけだったから。（藍佩嘉「泅游異郷的失聲人魚」[16]より）

「第三世界」という他者へのレッテルが貼られた時、その女性の固有名はもちろんのこと、台湾というナショナリティさえも失われて一括りにされ、「第三世界の女性は虐げられ救いが必要なのだ」と同情される。こうした状況においておそらく日本人を含めた多くの東アジアの人々は、自分たちと東南アジア、あるいはアフリカとの差異を主張するであろう。彼女はフェミニズムの授業で白人アメリカ人のクラスメイトたちから、自分が抑圧された「第三世界の女性」として発言することを期待されていると感じ、心の中でこう反問する。

私は「第三世界の女性」なの？　この知っているようで知らないカテゴリーはいったい誰を指しているのだろう。いったい誰がどんな権利をもってそんな分類をしたのだろうか。私は自分とその他の「第三世界の女性」との間に姉妹感情をもつのが当然なのだろうか。

（藍佩嘉「泅游異郷的失聲人魚」[17]より）

そして、彼女もまた台湾を「第三世界」から差異化しようとし、白人アメリカ人のクラスメイトたちと同じように、「文明／野蛮」という基準を用いることになる。被抑圧者が抑圧者を自己の内側にもつというコロニアリズムの構造についてのフレイレの指摘[18]の通り、アジアのポストコロニアル、あるいはオリエンタリズムの構造もまた、終わりのない入れ子型となって他者との差異を確認し続ける。アメリカ留学した台湾人が経験するのは、アメリカ人のアジア女性のジェンダーに対する画一的な視点であるが、その視点はアジア諸国で再生産されてはいないだろうか。西洋の視点がアジアで再生産されるということは、ジェンダー、フェミニズムといった領域だけでなく、アジア研究がまず西洋中心に行われていたという地域研究の主体性の問題とも関わっている。陳光興は、過去、アジア研究の大部分は地理的にアジア地域の外の研究所、特に地域研究の伝統を持つ西欧と米国であったが、グローバル化、アジア経済の勃興に伴い「アジアによるアジア研究」に注意が向けられていると述べている。

では、アジアによるアジア研究が存在すべき必要性があるとすれば、それは何か。アジア内部において隣人に対してまたアジア全体に対して、過去とは違った自己認識が産み出されるべきで、帝国主義の眼差しから自分とその隣人を認識すべきではない、ということ。深く省察しなければならないのは、「アジアによるアジア研究」という呼びかけによって突然意識されたことである。振り返ってみると、自分の方法で実はアジアを研究していたはずで、アジア研究という名目でそれをしてこなかっただけのことである。それが意味するのは、我々は元よりアジアを意識することが弱かったということだ[19]。

アジアの人々は西洋のアジアへの眼差しは意識してきたが、アジア相互の眼差しに気付かずにいた、あるいは気付かぬふりをしていたのかもしれない。その意味では、アジアから日本への留学が送り出し国の学術分野に与える影響は大きいと思われる。特に戦後、高等教育と研究者の育成をアメリカに大きく依存してきた台湾にとって、近年の留学先の多様化はこれまでとは異なった新たなアジア、台湾、日本への眼差しを生み出すことを可能にするのではないか。

台湾フェミニズムと留学

台湾の女子留学生が日本人に理想の女性像を見出すことは、アメリカ留学でアメリカ人に理想の女性像を見出すこととは、おそらく意味が異なる。竹内好であれば、前者は自分に似た人たちであり、後者は理想の存在であると言うであろうか。本書でしばしば引用する台灣查某編『台灣女生留學手記』においても、九〇年代に台湾人女子留学生がアメリカの女性研究者たちの様々な姿に触れ啓発される様子が語られているが、七〇年代からフェミニズムの先進国であったアメリカとアジアの国とでは、女性学に関する議論の前提も方向も異なるところがある。当時台湾のフェミニズムを含めた様々な社会運動はアメリカ留学の台湾人研究者たちによる影響が大きかったが、今後台湾の学術的、社会的なフェミニズムは、アジア諸国との対話により自らのロケーションが可能になるのではないだろうか。

台湾では一九八七年まで続いた戒厳令により女性運動を含む様々な社会運動が制限されていたため、台湾における女性学は日本、韓国、フィリピン、インドより遅れていた[20]。八〇年代以降台湾社会の民主化・自由化が急速に進むと、九〇年代には他の社会運動と共に女性運動も勃興した。その中心となったのはアメリカに留学した女性たちであった。

一九九〇年代以降の台湾のフェミニズムは理論面でも実践面でもアメリカのフェミニズムの影響を強く受けてきた。実際、戒厳令解除後に活躍した女性運動のリーダーや「女性学の研究者のほとんどは、台湾の大学で文学部を卒業し（社会科学の卒業生はほんの一握りに過ぎない）、一九七〇年代に米国で大学院教育を受けた人たち」であった[21]。

黄齢萱によれば、台湾の女性学関連学科の専任教師一三人のうち一二人が欧米への留学経験があり（二〇〇六年時点）、女性運動においても高学歴かつ中上流階級出身者が占めていた。台湾の女性運動の中心が高学歴のいわば「プロ」であったことは、ジェンダー研究が行政の政策に働きかけやすく、女性問題をより明確にするなどのメリットもあるが、プロと一般人との間の専門知のギャップが存在すると指摘する[22]。

本書でたびたび引用している台灣査某も一九九五年北米に留学する台湾の女性たちが作ったグループで、フェミニズムに関する討論会などを開き活動していた。一九九七年にニューオリンズで開かれた第三回台灣査某ウインター・キャンプに参加した、婦女新知基金會[23]の創始者である李元貞は『台灣女生留學手記』巻頭言において、この時代のアメリカに留学した台湾の女性たちの価値観が七〇年代以前の国を離れた心情を表現した留学生文学や、良い結婚相手を見つけるための女子学生の異国の旅などとは異なると指摘している。それは、「父権制」「西洋中心」「西洋学術の中心の盲点と自己の研究の位置」など、西洋と東洋の間で「身為女人、來自台湾」（女性として、台湾から来て）という自らのアイデンティティとの葛藤を繰り返し、ロケーションを繰り返しているからである。

留学生がその留学先において自国のフェミニズム問題に取り組むための思想と手段を得るという構図は、かつて日本による植民地時代に日本に留学した植民地の人々が民族自決、独立運動の理念と手段を学んでいった構図と重なるところもある。現在台湾の女性運動の中心となる人々や人文科学の研究者の多くがアメリカで学位を取得した人々であり、日本を含めアジアの国で学位を取得した人は極めて少ない。これは西洋中心の学術界の様相を反映すると同時に、戦後の台湾の高等教育が如何にアメリカに依存してきたかを示している。と同時に、本来フェミニズム自体がヨーロッパで生まれアメリカで育った思想・学問であり、初期のフェミニズムは白人中流階級の女性中心であるという批判もある。そしてアメリカの私費留学生の多くは一般に中流階級以上であるという事実にも思い至る。日本留学の研究者である黄齢萱は、こうした台湾のフェミニズムの再考の必要性を指摘している。

また、台湾の女性運動・女性学の場面においても、アメリカの第二波フェミニズムは[24]その理論的拠り所となって、僅か一〇年のうちに、法律改正または新しい法律作りを促進し、また労働権の確保や女性学教育の制度化の取り組みなどにおける発展にも大きく寄与した。しかし、これから台湾の女性運動、女性学／ジェンダー研究がどういう方向に向かって進むべきなのかについては大きな課題となるだろう。今まで台湾では、欧米の主流女性学、ジェンダー研究に対する批判的な視点はほとんど見られないため、周辺の視点から台湾の主流派を問い、またアジアの視点からアメリカの主流フェミニズムを問うということは、今後の方向性を見つけ出すのに有効な方法であろう[25]。

等身大の姿

台湾人留学生たちが日本で知るのは、台湾にいた時は知り得なかった現実の日本の姿である。女子留学生の中には、日本の女性から文化を超えて女性としての生き方を学ぶ経験をする者も少なくない。

K　：私にとって影響が大きかったのは、今思うと、私の将来の進路選択に影響を与えた人です。（大学近くの小学校の）剣道クラブで知り合ったお母さんで、すごく若いんです。三五歳で小学校六年の娘がいて娘と二人で剣道を習ってるんですが、その人はシングル・マザーで、旦那さんと別れた後自分で子どもを育てています。

筆者：それは彼女に聞いたんですか。

K　：そうです。私と彼女はすごく仲がよくて、今は連絡する時間がないんですが、気持ちが通じてるって感じがします。彼女は病院で秘書をしていて、すごく強いです。だって、娘と両親を養っているんですよ。だから、朝と夜二つの仕事をしています。

筆者：朝は病院で、夜は別の仕事？

K　：そうです。でも、彼女は娘さんの行事に全部参加していて、パーティを開いたり、一緒に剣道も習って、すごく忙しいのに娘さんの行事は必ず行きます。彼女はなんでも完璧にこなしていて、すごく自律していると思います。結婚前はダイビングのカメラマンだったそうです。本当に尊敬します。忙しくて疲れていても、経済的なプレッシャーがあっても、誰に対してもいつもにこにこしています。

（二〇〇五年一月一七日　台北にて）

さらに、Kは日本の女性と台湾の女性を「自律」という観点から比較する。

Ｋ　：日本の女性は、本当はすごく自律しています。海外での日本の女性の印象は優しくて賢明という感じですが、実はそんな容貌の下ですごく自律しています。

筆者：どんな時そう思いましたか。

Ｋ　：（日本では）若い女性も結婚した女性も、みんなＲＶみたいな大きな車を運転していて、必ず子どもを乗せています。台湾ではあんな大きい車を運転する女性はあまりいません。それから、若い女子学生も一人か二人で行きたい所へ行きますし。

筆者：そうですね。

Ｋ　：（日本の女子学生は）何でも自分でします。台湾の女子学生は私も含めて、「これは男性が手伝うのは当然のこと」って思っています。いわゆるレディー・ファーストですね。日本の女子学生はもっと自分で何でもすると考えるようですが、お嫁に行って子どもを産むとまた家庭に対してとても……日本に行って不思議だと思いました。

筆者：Ｋさんの友だちもそうでしたか。

Ｋ　：そうです。〇〇大学で知り合った人たちです。剣道部のお母さんとか、国際交流協会で知り合った女子学生はそんな感じでした。私は日本人の女子学生がすごく自律しているのにも感心しました。自分のことは自分で責任を負って、困難なことをしなければならない時も他の人の力に頼ろうとしません。

（二〇〇五年一月一七日　台北にて）

日本の女性の姿から台湾の女性についても考えるようになったKは、自分の本来の性役割への意識、両親の教育観についても考えるようになる。

筆者：Kさんはすごく自律しているみたいですが。
K　：私はもともと男みたいだったんです。
筆者：じゃあ、小さい頃の理想の女性ってどんなでしたか。
K　：理想なんて……なかったかなあ。
筆者：それで男性的になったんですか。
K　：そうかもしれません。遊ぶ物も、興味も、皆から男みたいって言われました。
筆者：ご両親は小さい頃からあなたに対してどうでしたか。
K　：母は以前、私にお姫様みたいな格好をさせるのが好きでしたが、私は嫌いでした。
筆者：あなたが小さい頃、ご両親はどんな教育方法であなたに接していましたか。
K　：母はとても進歩的で民主的です。父はあまり私の教育に関わっていなくて、どちらかと言えば亭主関白だから、お金や物質的な面で満足させてやればいいと思っています。子どもの教育は母親の仕事って思っていますし。私にはよく勉強して、将来いい仕事を見つけていい旦那さんと結婚してほしいと思っているみたいです。

（二〇〇五年一月一七日　台北にて）

Kの男性的であるという性役割は同級生たちの間でも定着しており、Kの親友は彼女に対し、「男性的」「能力が高い」などの形容をしていた。Kにとって男性性を表現することは、「お姫様」のような女の子らしさや良妻賢母といった両親の期待としての女性性の否定を意味すると同時に、「能力の高さ」や「積極性」といった自分の求める生き方をも表していたと考えられる。

台湾の教育学研究者である周祝瑛は、家庭教育が大学生の進学や海外留学などの進路選択に与える影響について中国と台湾の比較を行った。それによれば、台湾では九〇年前後子どもの教育に関し父親の発言権が強く、台湾の学生は進学の過程で父親からの影響を大きく受け、父親の教育程度及び子どもへの期待が大学生の卒業後の進路選択に影響する最大の要因の一つであること、父親の教育程度が高いほど子どもが卒業後に国外留学する傾向があることが指摘されている[26]。台湾あるいは中国社会の家父長制の特徴として労働や家事などの分担が注目され、男女役割の均等性が指摘されることもあるが、台湾では当時子どもの教育に関する決定権や関与の度合いにおいて父親が大きな影響をもっていたことがわかる。

留学中に知り合った日本の友人の姿と自己を比較し、自らを省みる留学生も少なくない。Gは就職活動で自分の性格的な弱さを指摘され、日本の友人のように「意見をもち」「何をすべきか知っている」、強い人になりたいと切望していた。

筆者：あなたは日本人の友だちがいましたよね。今でも連絡していますか。名前忘れたけど。

G　：○○さんです。何人かはまだ連絡しています。○○さんはカナダに留学していて、私はバンクーバーに会いに行きました。カナダで留学しているならきっとバンクーバーだと思って。ところが、エドモンドに留学していたんです。結局会いに行って、バンクーバーで二日間一緒に遊びました。彼女はすごいです、私は自分には意見がないなあと思いました。

筆者：あなたの理想の女性はどんな人ですか。

G　：彼女が私の手本です。彼女はボランティアをしていて、自分が何をしたいかを知っているからです。バンクーバーで彼女に会った時、彼女はすでに将来インターンシップでどういう方面の仕事をしたいか考えていました。彼女は日本の大手食品メーカーを希望していて、自分が何をすべきか知っていました。

筆者：あなたもそうなりたいということ？

G　：自分がどの方向に行きたいかわかりませんが、彼女とは違うと思います。でも彼女がすごく羨ましいです。昨日就職の面接試験に行ったんですが、面接官が私は弱そうに見えるって言いました。本当にそう見えるんでしょう。だから、どんな仕事をしたらいいかわかりません。

（二〇〇五年一月二一日　台北にて）

日本の友人と自分を比較し、自分の姿に気付くという自己意識におけるロケーションは、男子学生の語りにも見られた。台湾人が固有名で日本人を知る時、等身大の、個人の生涯に落とし込んでいける女性像や生き方についてのロケーションが行われる。それは西洋と対峙する時のような明確な境界のあるロケーションとは異なり、国家や民族という境界を容易に越え、女性として、人として比較することのできる、鏡の中の等身大の姿である。

日本社会のリアリティ——若さの規範化

台湾人留学生の眼差しは、時に台湾社会とは異なる日本社会の規範を炙り出す。先に述べた、台湾人女子留学生が経験した日本の「おじいさん」との不愉快な出来事には、オリエンタリズム、あるいはポストコロニアルといった従来の文化間の力関係を扱う理論だけでは捉えられないものを含んでいるように思う。それは、日本人には却って意識されにくい、日本社会の規範である。「おじいさんらしくない」という留学生のことばを聞いて思い浮かぶのは、現代の日本社会を読み解く学者たちが指摘する若者礼賛、あるいは「『若さ』の規範化[27]」とセクシュアリティの関わりである。立木康介によれば、若者の規範化、「総幼児化」は欧米でも類似した現象が進行していると言う。例えば、息子や娘のおもちゃやゲームを一緒になって愉しむ「キダルト」の増加、永遠の若さにあこがれる人々の心をつかむ「若返り産業」の発展などである。

そう、私たちの誰もが、まるで憑かれたように、若い服装を身にまとうこと、若い音楽を聴くこと、若い言葉遣いをすることに心を砕いている。当然のことながら、この志向は私たちのセクシュアリティを素通りするはずがない。……（中略）……「際限のない若さ」は、つまるところ、「どこにも到達しない未成年状態」と言うに等しい。そしてその未成年状態こそが、いまや私たちのセクシュアリティのノーマルな現実となっているのである[28]。

現代の日本社会では若さをセクシュアリティの規範とすることが、あらゆる年代に蔓延しているように見える。日本の若い母親に対する「お母さんらしくない」という台湾人留学生のことばで連想するのは、台湾の留学生が京都の小学校の校庭で見た光景である。驚いたことに、留学生の視界に入った一〇人以上の母親たちの全員が、ほぼ同じ外見であった。長い茶髪、ファー付きのフードの付いた、着丈の短い黒のダウン・ジャケット、ぴっちりしたジーンズ。ジャケットやジーンズは色や形状もほぼ同じに見えた。驚いたのは全員が同じということだけでなく、その外見が「ギャル」で、「お母さんらしく」なかったことだ。

その若い母親たちが表現したいのは母性ではなく、若さを規範とした女性性であろう。若さを尊ぶ価値観は、従来であれば母親として振る舞うはずの場所においても「母親らしくない」行為となって現れる。小学校の授業参観では廊下にいる母親たちが大声でおしゃべりを続け、肝心の授業をしている子どもの声が聞こえない。未成年状態の母親たちはディズニーランドに通い詰める一方、可愛い弁当作りにはなぜか驚くほどの心血を注ぐ。

母親たちが幼児化する一方で、日本には偏った母性重視という現象も存在する。母乳に対する過剰な重視、料理に対する過度な母性の読み込みなどである。特に日本の母親たちが競う弁当作りは、外国人の母親にとっては大変な負担で、日本の学校でも海外の日本人学校でもしばしばいじめの原因になっている。台湾人や中国人の母親が作る弁当はご飯の上に大きな肉が乗っており、容器も実用的で「かわいい」とは言えない。六歳の時来日した、中国帰国者三世のある女性は、子どもの頃学校に弁当を持っていく日は中国人である母親に内緒で、コンビニで弁当を買って自分の弁当箱に詰め直していたという。

母性に対する考え方は家庭における母役割の捉え方に繋がり、女性の就労に対する意識にも影響する。台湾のように女性の就労が当然である文化圏では母役割への緊迫が薄く、瀬地山角によればこれが台湾型の家父長制の特徴であるという[29]。瀬地山角は東アジアの家父長制を論じる中で、日本の家父長制の特徴として母役割の強調を挙げる。それによれば、日本の大正期に都市部で専業主婦である「近代主婦」が形成されたが、欧米と比較して希薄な夫婦愛、母性の過剰な強調が日本の近代家父長制の特徴であるという[30]。日本の近代家父長制における性役割、ジェンダーの変化は、父性・父役割にも及んでいるであろう。

若さの規範化は、一方で、日本社会における「敬老」という社会規範を希薄化させている。敬老という概念は若者たちと老人たちを明確に区別することで生まれる概念であり、若者も老人も双方がお互いの違いを自覚しない横並びの状態では生まれにくい。申蓮花は日本で敬老という概念より組織の上下関係が優先することに驚き、日本の家父長制を論じる際、中国社会の規範として「敬老愛幼」という孟子のことばを挙げている[31]が、東アジア諸国に広がる儒教の規範意識の濃淡もまた、各国の家父長制概念の強弱と関わっていると考えられる。二〇〇〇年前後、台湾には現在より敬老の規範意識が強く存在しており、日本社会における規範の変化を知るはずもない留学生にとって、「おじいさんらしくない」「お母さんらしくない」日本人との出会いは、カルチャー・ショックであったのは間違いない。

日本の大衆文化はすぐに台湾に伝わる。だが、日本の社会現象や規範がすぐに台湾に伝わるわけではない。援助交際、JKビジネスなどのことば自体はすぐ伝わるが、セクシュアリティやジェンダーに関わる社会現象の伝搬は、消費的な大衆文化の伝搬とは大きく異なる。そこには不可視だが堅固な、台湾社会の倫理的ロケーションが存在している。

■注

1 Said,E.W. *Orientalism*,New York: Georges Borchardt Inc., 1978（日本語訳『オリエンタリズム』今沢紀子訳、平凡社、一九八六年、pp.6-7)

2 上野千鶴子はセクシュアリティを「性にかかわる欲望と観念の集合」であり、「人間の性行動にかかわる心理と欲望、観念と意識、性的指向と対象選択、慣習と規範などの集合をさす」と定義する。本書もこれに拠る。『岩波女性学事典』p.293

3 瀬地山角『東アジアの家父長制――ジェンダーの比較社会学』勁草書房、一九九六年。瀬地山は文化人類学と社会学における家父長制を区別し、前者(patriarchy)は父系制(patriliny)を指し、権力をもつ主体の性別、家族形態を問題とするが、後者(patriarchalism)は家族形態と、特定の支配類型を問題にする。本書での日本の家父長制概念とは後者を指す。

4 前掲、瀬地山角『東アジアの家父長制――ジェンダーの比較社会学』p.4

5 藍佩嘉「泅游異郷的失聲人魚」台灣査某編著『台灣女生留學手記』台北：玉山社、二〇〇〇年、p.211

6 范雲「成為台灣査某――身體的、文化的、政治的女人越國界認同經驗」同右、p.304

7 坂元ひろ子「中国現代文化論とポストコロニアリズム言説」『〈複数文化〉のために』人文書院、一九九八年、pp.69-90

8 丸川哲史『台湾、ポストコロニアルの身体』青土社、p.207。陳光興による台湾ニューシネマの分析。(「台湾ニューシネマ――文化運動、国家とグローバル資本主義」一九九七年大阪におけるアジア・カルチュラルスタディーズ・シンポジウムにおける発表原稿)を指す。「陳の図式によれば、台湾ニューシネマとは大陸反攻の希望が途絶えた後に、政権の正統性を維持する戦略に従って、国民党が政権運営の人材を台湾人へとシフトし始めた一九七〇年代後半から始まった本土化の流れから出てきたものであり、その後、徐々に海外のマーケットに敏感に反応する文化商品へとシフトしていった文化運動、ということになる」

9 前掲、丸川哲史、『台湾、ポストコロニアルの身体』p.221

10 前掲、Said.E.W. *Orientalism*, 日本語訳、pp.6-7

11 前掲、丸川哲史、『台湾、ポストコロニアルの身体』p.17

12 黄齢萱「台湾女性運動の軌跡――売春児童保護運動から「妓権」労働運動へ」『技術マネジメント研究』六、横浜国立大学、二〇〇七年、pp.9 -19

13 宮崎克己「女性たちの空間」『空間のジャポニズム』第四章、碧空通信、二〇一二年一月二七日

14 「じゃぱゆきさん」は主に興行資格(エンターティナービザ)で来日・就労する女性たちへの蔑称である。フィリピンやタイなどの東南アジア諸国出身が多く、フィリピン・パブ等でダンサー兼ホステスとして働く。一九八〇年代後半から九〇年代にかけて大規模に流入し、現在では政策的変化もあり激減した。菊地夏野「在日フィリピン女性の不可視性――日本社会のグローバル化とジェンダー・セクシュアリティ」岩崎稔・陳光興・吉見俊哉編『カルチュラル・スタディーズで読み解くアジア』せりか書房、二〇〇一年、pp.152-167

15 本質主義と他者化については本書の第6章で論じている。

16 前掲、藍佩嘉「泅游異鄉的失聲人魚」台灣查某編著『台灣女生留學手記』pp.211-212

17 同右、p.212

18 Freire, P., *Pedagogy of the Oppressed*. New York: The Continuum Publishing Company, 1970

19 陳光興『脱帝国—方法としてのアジア』丸川哲史訳，以文社、二〇一一年、p.20

20 チェ・チャン、シャオ・チン・シェ「台湾における女性学の動向」『アジア女性研究』一一、二〇〇二年、p.82

21 同右、p.82

22 黄齡萓「現代台湾における女性運動の方向——「性権派」と「婦権派」の対立を中心に」『ジェンダー史学』三、二〇〇七年、pp.91

23 Awakening Foundation。戒厳令下一九八二年フェミニストのグループにより設立された「扶助新知雑誌社」が創立され、一九八七年戒厳令解除移行、基金として設立、台湾の女性運動を牽引してきた。

24 アメリカの六〇年代は黒人等少数民族の平等の権利を求める運動、公民権運動が全国的規模で展開した。ベトナム反戦運動、大学改革を求める学生運動、労働者運動も展開し、また伝統からの解放、性の自由化を求める運動に発展した。六〇年代の運動に参加していた若い女性たちは、女性が周辺に追いやられていること、平等を求める運動の中に性差別があることを認識し、性差別撤廃を求める独立した女性運動を組織して第二波女性運動が始まった。（ホーン川嶋瑤子「フェミニズム理論の現在——アメリカでの展開を中心に」『ジェンダー研究』三、二〇〇〇年、pp.43-66）

25 前掲、黄齡萓「現代台湾における女性運動の方向——「性権派」と「婦権派」の対立を中心に」p.92

26 周祝瑛『大陸高等教育問題研究——兼論臺灣相關課題』台北：師大書苑、一九九九年

27 十川幸司「書評『露出せよ、と現代文明は言う』」『人文学報』一〇七、京都大学、二〇一五年、pp.189-193

28 立木康介『露出せよ、と現代文明は言う——「心の闇」の喪失と精神分析』河出書房新社、二〇一三年、p.89-90

29 前掲、瀬地山角『東アジアの家父長制——ジェンダーの比較社会学』pp.242-273

30　同右、pp.126-170
31　申蓮花「日本の家父長的家制度について」『地域政策研究』八-四、高崎経済大学地域政策学会、二〇〇六年、pp.99-104

第5章　本土経験──留学とアイデンティティ

保釣運動[1]の要求は、愛国運動にのみ止められるものではなく、当時の参加者にとっては第三世界的なものに目覚めるきっかけともなり、冷戦構造下の親米反共イデオロギーを乗り越えていくことになった。学生たちは、自国の土地だと思っていたが、結局のところ民主主義陣営と自称する米国と日本の間でやり取りされたわけであり、同盟国たる国民政府がこれについて全く抗議できなかったことを知り、そこで第三世界に所属していると自覚するようになった。当然、第三世界と呼ばれるものも、六〇年代には台湾にすでに入っていたし、さらに日本統治時代の台湾人民の抗日意識にもそれは繋がるものだ。まさにこの第三世界への帰属感は郷土意識に接続するものであり、ここにおいて人民の自らの歴史を発掘する動きが現れ、また中国近代史全般への問いかけが始まった。（鄭鴻生『台湾六八年世代、戒厳令下の青春』[2]より）

台湾海峡

世界のどこに行ったとしても、台湾人留学生は「台湾」について歴史的・政治的な説明をしなければならない状況にしばしば直面することになる。いわゆる両岸問題による台湾のナショナリティの不安定さ、中国大陸との同一性と差異化に関わるロケーションの問題である。

X　：語学学校にいた時、一人の中国人留学生がいて、授業の後、「天安門事件のこと、知ってる？」って聞いたんです。台湾では大陸の人は天安門事件を知らないのって有名ですから。彼女は本当に知らなくて、私が嘘を言っていて、外国人の陰謀だと言いました。私はもう話したくなかったけどずっと話し続け、台湾の独立のことになりました。独立か統一かのことです。その時彼女はすごく怒って話し続けました。「あなたたちは絶対独立なんかできないでしょう」って。すごく、すごく強い口調で言いました。私は「私がここに住んでいるのに、そこはあなたの物だっていうの？」って言いながら、本当に怒って大声で泣きました。いつも仲が良かったですが、喧嘩したのは一回だけでした。仲良しなんだからもうこんな話はやめようと言いました。彼女は話す時に相手を考慮しないというか、大陸の人はだいたいそういう感じだと思いますが、人と討論する時は自分の意見を強く主張して自分の意見を曲げない。でも、どんなにけんかしても討論が終われば心に残さない、そんな感じです。でも、台湾人にとっては感情を傷付けられた感じがします。そう言われた相手と友だちになるのは難しいと感じます。それで彼女にはもう辛いからこのことは討論するのはやめようと言いました。彼女も納得しました。

（二〇一八年八月二三日　熊本にて）

今では知る人も多いが、日本政府による国費外国人留学生の中に台湾の学生は存在しない。国交がないためである。それに替わる制度として、台湾では日本政府の業務を行う公益財団法人日本台湾交流協会（旧財団法人交流協会）による奨学金制度が実施されているが、合格した学生の正式な身分は私費留学生である。台湾ではこの奨学金試験に合格した留学生を「公費」留学生と称しているため、日本に行って初めて自分が私費留学生だと知る学生も少なくない。筆者は台湾で五年間その試験の実施を担当していたが、学生たちは合格しても自分で日本の指導教官を見つけなければならず、運よく話ができたとしても、その交渉の際には「交流協会奨学金とは何か」「なぜ私費留学生なのか」など、長々と説明をしなければならなかった。筆者自身がこの事情を知ったのは、大学院生の頃、「交流協会奨学金留学生」である台湾人留学生のチューターをしていた時だ。日本には彼女の自尊心を傷つけることは山ほどあった。当時大学の国際交流の事務室には留学生の名前を書いた武道場によくあるような木の名札があり、留学生は大学に行くとそれを裏返して登校したことを知らせる。国費留学生は黒、私費留学生は赤、だったと思うが、とにかく色も位置も異なっていた。台湾で公費留学試験を突破して意気揚々と日本にやってきた彼女は、毎日大学に来る度にその違いを実感しなければならなかった。他にも、台湾に「国」という名称が使えず「地域」と言うこと、正式な国名は「中華人民共和国」と記されることなど、学生は留学して初めて台湾の国際的な位置付け、中国・日本・台湾の「正式な」関係を、知らされることになる。

台湾の学生たちが留学して次に経験するのは、中国人学生との関係である。いわゆる両岸問題は教室の中にも及び、時には「台湾海峡」が出現した。ある日教室に入った筆者の目に留まったのは、コの字型に机を配置した教室の中で、左に中国人、右に台湾人、そして真ん中に韓国人とオーストラリアの留学生たちがそれぞれ集まって座っている光景だった。

「ここは台湾海峡？」

教室の真ん中のスペースを指して筆者が言うと教室は笑いで包まれたが、留学生たちの両岸問題は教室の中にも時折出現した。中でも中国語の問題は主要な話題の一つであった。ある時大学院の演習で日本語と中国語の対照研究について発表した台湾人留学生が、中国から来た留学生に「台湾の中国語は中国語ではない」と非難され、険悪な雰囲気になったこともある。

Ｋ　：たぶん英語圏の留学生の方が歓待されますよね。オーストラリアの学生は寮費も免除されていましたし、英語を教えるバイトも紹介してもらっていました。

筆者：あなたも中国語教えられるでしょう？

Ｋ　：でも台湾の中国語は……。今どの国でも中国語はみんな大陸のです。台湾の中国語はあまり歓迎されません。

（二〇〇五年一月一七日　台北にて）

筆者：中国語のできる先生もいましたよね。

Ｊ　：ある先生は中国語ができるんですけど、大陸で習ったので大陸の言い方なんです。時々私たちが台湾の言い方をすると、その先生は「今は大陸の言い方が正しい」って。

筆者：ああ、本当？

Ｊ　：でも翻訳の授業だから仕方ないんです。その先生はよく私たちの中国語の意味を誤解していました。

（二〇〇五年一月一七日　台北にて）

この他、台湾と中国の学生の間に存在する差異化には、経済力や先進性という発展の度合いがある。二〇〇〇年代前半には経済的にもまだ台湾と中国の格差は大きく、人的往来も厳しく制限されていたために民間連ベルでの相互理解も進んでいなかった。また、当時日本で急増した中国人留学生の中には学習意欲の低い者もおり、留学で初めて接する「大陸人」（大陸の中国人）との差異化を行う台湾人留学生も少なくなかった。

K：日本で受け入れられなかったのは、日本で中国と台湾の立場には随分差があるということです。それなのに日本ではなんていうか、一種の民族差別みたいなものがあって、台湾人にも中国人にも差別があります。それに中国人はすごく、……「霸道」（乱暴だし）、多すぎます。彼らは勉強が目的で留学しているわけじゃないし。

（二〇〇五年一月一七日　台北にて）

C：僕たちは前半の半年は韓国人や他の台湾の大学から来た留学生と同じクラスで、後半の半年は「大陸人」（大陸の中国人）と一緒に授業を受けたんですが、授業がすごく簡単で。大陸人は試験でもカンニングするし。ほんとに不思議です。授業にも来ないし、来たら眠っているし、アルバイトばかり。先生が単語を言っても絶対、絶対、辞書を引かないし、電子辞書も買いません。携帯をずっと押してその単語を出して、……そんな学習環境は本当に嫌でした。

（二〇〇四年四月一四日　台北にて）

当時は日本の大学で中国人の学部留学生が激増していた。平成一三年日本の受入れ留学生数は中国が四万四〇一四人で最も多く、対前年度三六・三%増で、この前後の年はいずれも対前年度二〇 - 三〇%増が続いた[3]。第一章で述べたように、一九八三年に始まった「留学生受入れ一〇万人計画」により留学生の量的拡大は進んだが、その功罪の罪の部分も現れていた。当時中国人留学生が学費未払いのまま失踪した事件や学歴詐称の問題など、大学でのトラブルが報道され、社会問題にもなっていた頃である。

当時の状況は、現在の外国人技能実習生の受入れに伴う様々な社会問題に関する議論と酷似している。当時の中国人は今やベトナム人に変わったが、現在の外国人就労政策も当時の留学生政策も、いずれも日本社会の少子化を補う経済的目的、そして日本社会における外国人との共生の問題が未解決のままであることは共通しており、二〇〇〇年前後はその始まりであったとも言える。

日本のこうした留学事情を背景に、この時代の台湾人留学生は「お金があるから」、そして「おとなしいから」、日本の大学関係者に大いに歓迎されており、「正式な国とは認めないが、お金を払う人は歓迎する」という、言わば政経分離の状態であった。「親日」ということばは、そうした建前と本音の矛盾を誤魔化すことばでもあった。矛盾する大学の状況は、同じ頃アメリカの大学院に留学した台湾人学生も経験している。

こんな話もある。教学や研究の助手をしている台湾の学生が毎年もらう事後免税の伝票では、台湾人の国籍は一律に「中華人民共和国」になっている。私たちは「中国は最恵国待遇なんだから中国からもっとお金を取ったらいいのにね」と言って苦笑したものだ。アメリカ人の「台湾人」に対する認め方は矛盾している。台湾は中国の一部と言いながら、お金のことになると台湾の独立した地位が明確になるのである。友だちの話では、アメリカ人は学内の中国人と台湾人の区別についてはとてもはっきりしていて、台湾人は喜んで入学させるが、中国人は入学させたくないのだと言う。台湾人の方がお金があるからだ。

（大頭香「聊一聊」[4]より）

九〇年代の台湾社会における本土化の影響も加わり、当時両者の間にある台湾海峡は今より深いものであったに相違いない。台湾人留学生の用いる「大陸」ということばには、時に貶めの意味も込められていた。

Ｂ：日本人の男の人がＡさんに電話してきたんです。
Ｃ：ちょっと頭のおかしい人。
Ｂ：ずっといろんな物を贈ってくるんですよ。
筆者：〇〇大学の学生ですか。
Ａ：違います。コンパで知り合ったんですけど、「△△大学の大陸人」です。
Ｂ：そうそう。大陸人。「木頭人」[5]
筆者：ちょっと想像がつかないんだけど。
Ａ：ぜんぜん日本らしくない。（一點都不日本！）

（二〇〇四年三月一六日　台北にて）

K：最近日本に留学していた時の友だちの日本人が台湾に遊びに来たんですが、彼はその前に南京に行って、そのあと台湾に来たら「思ってたより良かった」って。彼は台湾と大陸はだいたい同じと思っていたみたいです。みんな中国人だし。それで、台湾に来たらいろんなテクノロジーが日本と変わりないのを知って興奮気味にこう言っていました。
「大陸と同じだろうと思っていたけど、台湾がこんなに面白い所とは思わなかった！」
私は心の中で思いました。
「じゃあ、前はいったい台湾はどんな所って思ってたの？」って。

（二〇〇五年一月一七日　台北にて）

同じ頃、アメリカの大学でも台湾と「大陸」は遠かったようである。

アメリカで通っていた大学の近くには二〇軒ほどの中国食堂（台湾食堂も含め）があった。お腹がすいたら中国人の店か台湾人の店かなんて誰も気にしない。おいしいという口コミで中国人がたくさん来る台湾人の食堂もあったし、台湾人を呼ぶために台湾の「小吃」（軽食）を習って赤いメニューの札の上に繁体字を一つ一つ丁寧に当て、親切感溢れる中国人の食堂もあった。でも一度だけ、実に恥ずかしい場面に遭遇した。その日台湾人の友人何人かで台湾人の食堂へ行った時、中国人の友人が別のテーブルで食事していたので、私は近付いて挨拶した。食事中一人の台湾人の友人が大声で言った。

「どうして大陸人と付き合うの？大陸人は話したってわからない。付き合わない方がいいよ」

こんな「スピーチ」を聞いた私は、振り向かずに急いでご飯を頬張った（中国人の友だちに背を向けて座っていた）。その後、その中国人の友だちに会っても、彼女は決してこのことを口にしなかった。たとえ食堂でこんな「スピーカー」に遭っても、食事をする時は、中国人はやっぱり台湾人の食堂に行き、台湾人もまた中国人の食堂に行くのだった。

（大頭香「聊一聊」[6]より）

最後の一文は台湾映画のラストシーンを想起させる。どれほど辛酸なことがあっても円卓を囲んで食事する人々の度量の広さ、時代や土地への順応性と諦念は、台湾人と言うよりおそらく華人のエスニシティの文化であるのかもしれない。

台湾海峡も常に存在するわけではない。京都の大学で一〇名の台湾人留学生と同じ寮に住んでいた一人の中国人留学生は、いつも台湾人たちと話す時は台湾風の発音の中国語に切り替えて一緒に行動していた。彼らはいずれも短期留学生で、一年間の日本での生活を有意義に楽しく過ごすという共通の目標を共有し、何よりも同じ世代であった。文化間の差異が最小化する時、人々は固有名詞での個人対個人の関係になるだけでなく、留学という短期間の共同体の成員となって、本来の帰属社会・文化とは別のアイデンティティを形成しているのではないか。

今日は言語交換の日

晶子　美帆　話が楽しすぎて　時間が経つのを忘れた　急がなきゃ　バスで三条京阪へ

キャサリン　アリス　小紅　小梅　いっしょに　笑いながら
英語　中国語　日本語　三か国語が飛び交う　ほんとにいい感じ
優先席の二人のおばあちゃん　片言の北京語　楽しく話す
あっという間に銀閣に着いた

（二〇〇七年一月　Vの日記より　京都にて）

留学とアイデンティティ

留学は青年期の大学生たちのアイデンティティにどのような影響を与えるのであろうか。第二言語習得研究において学習者とアイデンティティの問題は九〇年代より盛んになるが、近年では認知的アプローチから社会的視点に基づく研究に移行している[7]。社会学的視点に基づくアプローチは、アイデンティティを社会的相互行為において成立するものと見なす点で、批判理論に基づくエスノグラフィーなど、認知的アプローチとは理論も研究手法も異なっている。

留学に関する研究は、教育政策や留学制度といった教育行政に関わるものと、留学生個人の学習や心理に関わるものの二分野に大きく分けられる。教育行政の分野で短期留学に関わる研究は、ＥＵが一九八七年に留学支援制度エラスムス[8]を開始してから、その評価に関わるものが増え始めた。この制度により二〇〇〇年までに累計約七五万人の学生と一万二〇〇〇人の教官交流が行われ[9]、世界的な短期留学の時代を形成する一因となった。台湾における留学研究は、留学が増加し始めた頃にはアメリカへの長期留学、公費留学が多かったため、教育政策の領域におけるマクロな視点のもの[10]が中心であった。

一方、留学生の個人の心理面の研究は、国際教育の分野で五〇年代から留学生へのカウンセリングに関わる研究が進むが、背景には移民や移動者の心理を扱う分野において七〇年代からメンタルヘルス研究が進んだという世界的状況がある。さらに、八〇年代以降の研究の方向は、社会的なスキルを重視する方向へ移行していく。九〇年代以降、異文化経験とアイデンティティに関して発達という観点から論じた研究も増加した。

異文化経験が青年期の、特にエスニック、あるいはナショナル・アイデンティティに与える影響は大きいと考えられるが、アイデンティティの不安定な青年期における留学経験は、若者たちに想像以上に大きな影響を与えることが予想される。発達心理学の立場から見ると青年期はアイデンティティ確立の重要な時期であり、この時期に生まれもっての資質が再統合される。アイデンティティの形成は生涯にわたる継続的なものであるが、特に青年期には些細な決心や行為がアイデンティティ形成に貢献することがあるという[11]。そのため、青年期に短い期間でも異文化での生活を経験することは、人間形成や職業選択などに少なからぬ影響を与える可能性を秘めている。例えば、イギリスの Year Abroad プログラムで他のEU諸国に短期留学した学生に行ったインタビュー調査では、大学生の短期留学経験が個人的及び職業的に長期的影響を与えること、このプログラムが個人の経歴において「言及点」(reference point)となっていることが指摘されている[12]。

日本では、坪井健の作成した一九九五 - 二〇〇五年の在日留学生研究の文献目録[13]によると、八〇年代以降在日留学生に関わる研究が徐々に増加し、二〇〇〇年代に入る頃には急増している。この期間中の留学生研究の論文数は七〇〇を超える数になっているが、そのテーマは適応に関する意識調査や実態調査、最近ではメンタルヘルスに関わるものが多く、アイデンティティという用語を含むものは日本人留学生に関する論文一本のみである。これは、留学生の場合、帰国子女や定住者のようにアイデンティティの危機が顕著である場合より問題が顕在化しにくいこと、また近年第二言語習得研究分野においてアイデンティティ研究が盛んになっていることから、留学という行為も第二言語習得の過程における学習の一つとして習得研究の中で扱われている可能性も高い。

日本では異文化経験と移動者の心理に関する研究において、アイデンティティと発達という観点からの研究は、九〇年代まで多くなかった[14]。二〇〇〇年以降日本国内でも構築主義的な研究[15]や、教育人類学の批判的理論によるアプローチ[16]等、年少者の異文化経験とアイデンティティに関する研究も増えている。また、台湾では二〇〇〇年前後に台湾の短期留日学生の意識を調査した研究[17]も現れ始めたが、第二言語習得や現状分析に関するものが多かった。

『台灣女生留學手記』は九〇年代にアメリカ留学した台湾人女性の手記を集めたもので、研究書ではないものの台湾の教育学関係の研究者にも好評で、二〇一〇年に第二冊が出版されている[18]。この手記には留学という異文化経験が生き生きと描かれると同時に、一人の留学生がアジア人として西洋中心の価値観やオリエンタリズムと向き合う姿、世界における台湾の合理的な位置取りに台湾人として悩む姿が描かれている。

国外で最初に見知らぬ人に会って聞かれるのはいつも同じ問いである。

「どこからきたの？　なにじん？」

こんな簡単な問題に答えるにも、世界と台湾の地理的、政治的な地図の上で台湾の合理的な位置を探しながら、迷路のように行ったり来たりしなければならない。また、中国から来た中国人と台湾の間に存在する国際関係の問題は、「自分は台湾人なのか、中国人なのか」「台湾人と中国人はどんな関係なのか」「台湾は国際政治の舞台においてどのような見取り図を持っているのか」といったナショナル・アイデンティティに関する問題を、留学生に考えさせるのである。

（沈秀華「前言――認同之旅」[19]より）

では、なぜ人は異国で自己のナショナリティやエスニシティを自覚するのであろうか。自己意識研究の中で梶田叡一は、エリクソンの言う心理社会的アイデンティティについて、人が心理社会的アイデンティティの問題として対峙するのは具体的な他者であるが、本質的にはその他者を支えている共同体文化であると述べ、同じ共同体文化をもつ人たちに是認されていると自覚することが心理社会的アイデンティティを形成するとしている[20]。例えば、少年が自分の属する共同体においてその成員に認められ「成功」することがそのグループ、あるいはその国家の成員としてのナショナル・アイデンティティを形成することになる。かつて地域で行われた伝統行事や祭祀における年少者の参加には、そうした共同体における帰属意識を形成する役割もあった。だが、異文化において心理社会的アイデンティティを形成する状況はやや異なってくる。二つの共同体文化の接触や衝突の過程において、他の共同体の成員により自らの所属する共同体の存在や価値を是認されること、そこに同一共同体におけるアイデンティティ形成とは異なったアイデンティティ形成の過程があり、また共同体相互の「尊重」という社会的な意味も生じてくる。

梶田はさらに、アイデンティティ研究の特徴は、同一性と差異との「あいだ」で揺らぐプロセスを明らかにすることであると述べている。異文化という状況はまさに同一性と差異との間の揺らぎの振幅の大きな環境であり、アイデンティティの形成に大きな影響があることが予測される。だが、「あなたは日本人ですか」と問われた時の日本人の揺らぎと、「あなたは台湾人ですか」と問われた時の台湾人のそれとでは、明らかに違いがある。後者の揺らぎはより複雑で、「はい」と答えても「いいえ」と答えても、質問者にその歴史的・政治的理由を説明しなければならない。アメリカに留学した台湾の学生もまた、台湾人が他の国の学生より自己のナショナリティを説明しなくてはならない（他者が自国について知らない）ことに対する「挫折感」を語っている。

国外に出て離れたところにいると台湾社会内の階層意識が芽生えると同時に、他人の国土に踏み入れることで、私は国際社会の政治的位置と状況の中で一人の台湾人になるというリアルな経験をする。アメリカでは初めて会う人に常に「どこから来たの」という質問をされると決まって、「私は台湾人です。中国人じゃありません」と答える。何が違うのか知らない人もいる。いつもこうした状況になると、やりきれない気持ち、挫折感でいっぱいになる。「なぜ他の国の人より多く精神と時間を費やして自分が台湾人であるという合理性を説明しなくてはならないのか」と。

（沈秀華「拼湊在時空中」[21]より）

台湾のナショナリティに対する他者との認識のずれへの気付きは、その時代や社会状況の影響も受けやすく、台湾人にとって常に問い続けなければならないものとなっている。次のスピーチからは、台湾のナショナリティを問い続ける現在の台湾人の若者の姿を見ることができる。

【日本に来て自分を知った（日本語スピーチ原稿）】

皆さんこんにちは。私は台湾から来た交流留学生のYです。今回私の弁論のテーマは「日本に来て自分を知った」です。よろしくお願いします。

皆さん台湾と言ったらどんなイメージがありますか？　千と千尋の背景になった九份でしょうか？　果物が美味しい島国でしょうか？　それとも中国の一部の台湾ですか？　私は毎回自己紹介する時、曖昧な気持ちになります。台湾って一体国なんでしょうか？　私は台湾の問題について向き合うことにしました。私と同世代の人はこの問題に様々な観点を持ち、答えがあり、まさに「十人十色」です。

私は今ドラッグストアで働いています。日本人はもちろん、外国人も店にいっぱいいます。毎回お客様は私が台湾人だと知った時、驚きと嬉しい表情が浮かびます。「日本語上手だね」とか「頑張ってね」とか。一度も国籍について問われた事はありません。僕は「ああ、台湾人ということを尊重してくれてるんだな」と毎回思います。

私が小学校四年生の頃、学校で初めて台湾の歴史について学びました。台湾の先住民から始め、明朝、清朝、日本統治時代、国民政府時代、そして現在の台湾に至るまでの歴史です。子供の頃、歴史の授業が嫌でした。特に日本統治時代の勉強は私にとって逃げたくなるくらいのストレスでした。それは私が台湾人と日本人のハーフだからです。しかし、政治的に見れば、台湾、中国と日本、三国のあいだの合いの子

（原文ママ）。しかし、私は主張します。名称を超えて、私は私です。名称だけに拘るのはナンセンス、重要なのは相手を尊重することです。台湾人と日本人の雑種だと言われたこともあります。悲しかったけど今は開き直りました。雑種犬は血統正しい犬よりも生存能力が高いと言われていますから。

話を戻しますが、台湾は国なんでしょうか？　台湾は島の名前だと地理の先生は言いました。台湾は地名だと歴史の先生は言いました。台湾国なんてないと国語の先生は言いました。台湾は中国なのでしょうか？　中国語話してるから中国人かな？　今の私にとって困難な問題です。まさに一生向き合うべき問題でしょう。しかし、名称だけに拘るのはナンセンスだと主張したい。まさに名称を超えて、自分は自分だと言えて、それをお互いに尊重しあう、それが今、日本に交換留学している雑種犬二一年目の僕の主張です。

（二〇一八年六月　熊本にて）

このスピーチについてのインタビューで、Yは最近の台湾と中国の関係の変化と、自分たちの世代のナショナル・アイデンティティの揺らぎについて語っている。

筆者：「中国の一部の台湾」って書いてあるけど、これは何か言われた事あるの？

Y　：これは自分が自己紹介する時に、やっぱりちょっと気になるっていうか、他の人は「台湾は台湾でしょう」って日本人も多いけど、自分はそんなに簡単なものかな、とか思うし、やっぱ歴史が、色々な歴史があるから、そんなに簡単に「台湾は台湾だ」って言っていいのかなと思うから書きました。

筆者：なるほどね、Y君自身も「ちょっと複雑な曖昧な気持ち」って書いてあるけど、それは台湾にいる時はそんなことないの？

Y　：日本に来て初めてじゃないけど、意識した、はっきり意識したんですね。

筆者：そうだね、外国に行くと自分の国について意識するよね。その次に、「同世代の人はこの問題に様々な観点を持ち、答えがあり、まさに十人十色」って書いてあるけど、これはY君の同世代の台湾の人ってこと？

Y　：はい。

筆者：どんな意見をもってるの？

Y　：例えば「台湾は台湾でしょう」って言う人もいるし、「台湾は中国じゃないけど、中華民国だよ。」ま、中国ではないけど。

筆者：中華民国っていうことだよね。

Y　：そう。だから中華民国は今台湾にあるということ。台湾イコール中華民国、でも中国ではない。だからちょっと微妙な状態。

筆者：そうだね、複雑だよね。

Y　：台湾人は自分が中国人じゃないと八割は思ってる。だって本当に中国人と違うから。ならばなんで中華民国を今更使っている？　だから歴史の事と今の心が噛み合ってないっていうこと。

筆者：そうだね、なるほどね。「中国の一部だ」と言う人もいるわけ？　同世代の人に。

Y　：うん……。

筆者：あんまり聞いたことないよね？

Y　：ほとんどは、いや……、わかんないかも。今中国がすごく強いので、最近の統計によると「僕は台湾人だけど、中国人でもある」と言うケース、アンケートも出てきてるから。

筆者：最近中国大陸に留学する人もいるでしょう？

Y　：すごく多いです。

筆者：だから若い人たちも考えが変わってるのかな？

Y　：あと、同じ給料で中国で過ごしたら超お金持ちになる。同じ給料で働いたら台湾の倍ぐらいです。

（二〇一八年八月六日　熊本にて）

Yの語るように、近年の台湾の若い世代のナショナル・アイデンティティの揺らぎや変化について、別の台湾人留学生Xもまた、矛盾する心理を語っている。

X　：今度（台湾に）帰った時に感じたのは、台湾人は大陸の人に対して、好きと嫌いの両方の感情が入り混じっているということです。自分は独立しているけど、本当に独立したくはないという感じ。

（二〇一八年八月二三日　熊本にて）

文化に対する尊重

エスニック、あるいはナショナル・アイデンティティは、差異への気付きや自文化への貶めにより自覚されることも多いが、その逆の状態、すなわち自文化を尊重されたと感じる時もまた自覚される。Yのスピーチ原稿から、他者による自文化に対する「尊重」を感じるのは日常生活においてどのような経験であるかを垣間見ることができる。自文化に対する尊重を感じた時、個人は自己の自尊意識を感じ、自己と自文化との同一性、帰属性を意識する。まず、身近な自文化の例は言語学習である。相手の言語を学ぶという行為自体が、すでにその言語の属する文化に対する尊重を表している。

筆者：サークルの日本人以外で誰か日本人の知り合いはできましたか。

J　：市役所に国際交流協会というのがあって、留学生をサポートする所に日本語クラスがあって、そこでお母さんたちと知り合ったんですが、私の先生になった人は中国語を勉強したことがあって時々中国語を話しました。だから日本語のわからないところは中国語で質問できたし、台湾と日本の違いについても随分話しました。彼女は台湾に留学したことがあったから。

（二〇〇五年一月二二日　台北にて）

他者の言語・文化を学ぼうとする人は、他者に興味をもち、他者の文化を尊重する人でもある。留学生が留学先で自国の言語・文化を学ぶ人々に助けられ、交友関係を結ぶことが多いのも、「他者の文化に興味をもつ」ということが尊重に繋がっていることを示している。例えば、留学生Oの日本での適応を支えたのは、日本人の中国語学科の教師であった。Oは留学前には日本語科目の成績がよくなかったが、半年の留学終了前には積極的に日本語でメールを書くほどになった。

今日は日本語で書いてみたいと思います。もし間違うところ分からないところがあれば、教えてくれてください。評語も教えてください。お願いします。

中国学科の〇〇先生は今回の留学で一番仲良くなった日本人です。先生は四〇歳くらい、中国語学科の先生です。私と先生はよく言語交流して、だんだん仲良くなりました。先生と学生の関係が全然ありません。同じ歳の友達みたいです。また、時々先生の家で食事しました、私は先生の奥さん（中国の上海人）と子供たち二人とも知り合いました。中国語と日本語の交流だけではなく、時々先生の研究室で、先生を手伝って、先生の学生と中国語の会話の練習しました。一年生の学生たちは中国語がまだ上手になってないから、私はいつも日本語で説明してあげました。先生のお陰に、いろいろな中国語の教え方を習えました。知らず知らずに、日本語もいっぱい習えました。台湾の気温も変化が大きいから、先生も体に気をつけてください。

（二〇〇五年一月二〇日　Oからのメール　未修正のまま）

Oは留学したばかりの頃、中国語のできる日本人とばかりいると日本語がうまくならないのではないかと心配していたが、結局自分の文化に興味をもってくれる人こそが、継続的で発展的なコミュニケーションを可能にしてくれることを実感した。半年間続けた大学のサッカーのサークルでは最後まで日本人学生の態度になぜか冷たさがあると感じ、途中から参加しなくなっていた。

二〇〇四年九月二九日
今日授業の後で日本人の学生がサッカーしているのが見えたので、走って行って一緒にやってもいいかと聞いた。その時は本当に怖かったが、サッカーもできるし日本語も練習できると思って、勇気を出してサッカーに加わった。彼らは「これからも来ていいよ」と言ってくれた。

二〇〇四年一〇月二一日
土曜日に大学のサッカーチームの練習に行った。彼らは表面的にはいいのだが、なぜかわからないが、何か冷たい感じがする（どんな感じかうまく言えないが）。それで、日本人と接触するのは難しいと感じた。
（Oからのメール）

第2章の「対話的ロケーション」で述べたように、日本人に対する「つめたい」といった【親和性】に関する否定的イメージは、単にコミュニケーションの問題だけでなく、民族や文化への尊重の意識を含むことがある。岩男寿美子・萩原滋による一九七五年、一九八五年の社会心理学の調査はこう指摘している。

もちろんすべての留学生が日本人との人間関係に不満を感じているわけではないが、日本人の中に融け込もうとすればするほど「見えない壁」にぶつかりやすく、外国人に対する日本人の偏見や差別が徐々に大きな障害として留学生に意識されていくのは確かなことのようである。とりわけアジアの人々は、欧米の人々と自分たちに対する日本人の態度の違いにプライドを傷つけられ、ほとんど例外なく不快感を示しており、それがアジアの人々を反日的にさせる大きな原因となっていることに注意を払う必要がある[22]。

自文化への尊重が感じられない時、個人は自己の自尊意識が傷つけられたと感じると同時に、自己と自文化との同一性、帰属性を意識する。そうした意識にはいわば直接的、絶対的なものと、間接的で相対的なものがあると考えられる。例えば、筆者が台湾で日本の天皇について侮蔑され日本人であることを再認識した時のように、自国を代表する政治家や著名人、あるいは自己の文化を象徴する事物に対する他者による貶めは、直接的で絶対的なものである。


X：中国人の留学生にこう聞かれました。

「あなたたち台湾人は自分たちが独立していると本当に思っているの？」

彼女は台湾人に会ったことがなかったのかな。私はそうだと答えました。だって、独立って台湾人が自分で言わなかったら、誰が言ってくれますか？　だから私は「思っている」と言い続けました。

彼女は統一を主張して、台湾は大陸のものだと言い続けました。

「私たちの武力は強くて台湾を全部爆破してしまうよ」

ある時、携帯でニュースを見ていた時も、「蔡英文（台湾の民主進歩党の現総統）は、ほんとにひどいね」って言われて喧嘩になりました。殴りそうになったくらいです。

（二〇一八年八月二三日　熊本にて）

一方、間接的で相対的な自文化への貶めは、自文化が他文化に比して相対的に下位に位置付けられた場合に意識される。アジア系の留学生が日本人の欧米志向に気付いた時、台湾人が中国人との「正式な」処遇の違いに気付いた時、さらには、日本人の若者が台湾の地理的位置をよく知らない（よく知っている国もあるのに）ことに気付いた時などに意識される。反対に、他文化を尊重するということは、他文化を代表する人物や事物への興味や尊重、文化間に上下の位置付けをせず、かつ他者に自文化に対する尊重を強要しないということであろうか。

岩男・萩原による調査では、「日本人はどのような外国人が好きだと思うか」という質問への回答として、特にアジア系留学生は、アメリカ人、西欧の人々、英語を話す人など、日本人がアジアより欧米の人々を優遇していることを示唆する意見が圧倒的に多く、相対的に自文化への貶めを感じている。また、この質問には「日本の文化、習慣を学ぼうとする人」「日本のことをほめる人」「日本語のできる人」など、日本人が自国の文化に関心を持つ外国人を好むという回答も多く[23]、日本人が外国人に対し自文化に対する尊重を求める状況が外国人にも意識されているということがわかる。

先に挙げた日本語のスピーチで留学生Yは、「毎回お客様は私が台湾人だと知った時、驚きと嬉しい表情が浮かび」「『日本語上手だね』とか『頑張ってね』」と言われ「台湾人ということを尊重してくれてるんだな」と感じたと述べていた。だが、Yが尊重されていると感じたのは、彼の日本語が流暢であったこと、そして「親日」の台湾人だったためではないか。それは台湾の文化への尊重ではなく、「日本語のできる人」「（台湾という）親日の人」への好感であり、つまりは日本文化に対する尊重を求める日本人の意識であるに過ぎない。

最近日本のホテルなどで働くアジア系留学生が日本人従業員以上に流暢な日本語と丁寧な接客態度、そして日本人の若者より離職が少ないという理由で歓迎されているという報道があった。深々とお辞儀する彼らの姿、流暢な敬語に「日本人以上に日本人らしい」と日本人の客や雇用主から称賛される映像には、留学生の母国の文化への言及もなく、「同化」という文字を連想させる。日本人がアジア系留学生に対して敬意を示す（西洋人は日本語ができなくとも十分尊重される）のは、「努力して日本社会に『同化』しようとする彼らは日本文化を尊重している」という日本文化に対する尊重の意識、時にはそれによる一種の優越感情によるものではないか。それ故、日本語の話せないことで逆の経験をする留学生もいる。

筆者：最初に日本でアルバイトした時はどうでしたか。

X　：あの時私は日本で初めての仕事だったし、日本のルールがわからなかったんですが、あまり教えてもらえずに一人で放っておかれました。店長が見かねて来たんですが、その時は日本語もまだうまくなくて、仕事で使うような日本語ばかりで、聞いてもわからなくて、店長が怒って、「こんな程度の日本語なら帰った方がいい。日本にいるのはふさわしくない。日本で仕事するのは向いてない」

と言われました。

（二〇一八年八月二三日　熊本にて）

特に働くという状況では、アルバイトの留学生や労働者は同化とも言えるような日本語能力の高さを要求されることも多く、日本人が外国人の言語や文化を学ぼうという姿勢はあまり見られない。近年自治体などの主催する定住外国人への支援体制として外国人の言語・文化を日本人が学ぶという相互理解による取り組みも多く見られるようになったが、日本社会の雇用／被雇用という力関係において、対等な相互理解の発想は生まれ難い。日本語のできない人々は往々にして貶められ、時には搾取される。文化と文化の接触は存在せず、社会における強者と弱者の力関係のみが存在する。

本土化と留学

ここまで台湾人留学生が日本でどのようなアイデンティティの揺らぎを経験するのか見てきた。次に、台湾人のナショナル・アイデンティティに現在も深く関わる、一九八〇‐九〇年代の台湾社会の本土化と留学との関わりについて考えたい。

当時の台湾の本土化に関する教育・政治関係の論述において、このことばの指す意味には主に「中国化」と「台湾化」の二種類が存在していた。「中国化」は西洋化に対することばで、過度の西洋化を是正しようという文脈で用いられる。例えば、教育の本土化に関する黄政傑[24]の論文では、特に社会科学研究における社会学の本土化を論じ、東洋・西洋の間に存在する学術分野における不均衡な関係を批判している。一方、「台湾化」は台湾の複雑な政治的・歴史的・民族的な状況を反映した概念で、「西洋化」にも「中国化」にも対峙することばである。一九九四年に始まった教育改革において用いられた「郷土教育」の「郷土」は、この「台湾化」を意味する。

では、台湾化における台湾は何を意味するのか。留学生たちが国外で長々と説明しなければならなかった問題にぶつかる。台湾化ということばで台湾の源を追求すれば、そこには台湾の先史時代以来の民族や政治の複雑な問題が必然的に浮かび上がってくる。そこで李登輝が一九九八年に呼びかけた[25]、「新台湾人」が登場する。「新台湾人」は台湾内部の多様なエスニシティを超え、一つの台湾という共同体としてナショナリティを形成するための新たなカテゴリーである。丸川哲史も指摘するように[26]、李登輝は日本植民地時代に京都帝国大学に内地留学し、終戦後台湾大学卒業、アメリカのアイオワ州立大学で修士、コーネル大学で博士号を取得しており、多面的なアイデンティティの持ち主であったと考えられる。彼が「新台湾人」という多文化共存の共同体をナショナリティとして掲げることができたのも、こうした留学経験の反映であろう。

「台湾化」の背景について、若林正丈[27]は、政治・経済・教育を要因として挙げている。政治的要因としては、まず七〇年代の米中接近による国際的孤立という対外的な危機に対する策として蒋経国により打ち出された、李登輝をはじめとする台湾人エリートの登用であった。また、台湾の対外的危機の内実には、日本とアメリカとのポストコロニアルな関係による領土問題をめぐる外交批判があったということである。それは本省の冒頭で引用した鄭鴻生の指摘にあるように、七一年の台湾大学等の大学生及びアメリカ在住の留学生を中心とした「保衛釣魚台運動」(釣魚台を守る運動)という日本・アメリカの覇権に対する批判である。経済的要因としては、六〇年代の台湾の高度経済成長により、七〇年代には台湾社会に本省人中産階級が生まれ、民主化の波が強まったことである。本土化には経済を背景とした階級闘争としての民主化の意味も含まれている。

本土化とアメリカ留学の関係は深い。本省人中産階級を中心とした台湾化、民主化は、「国語を話す高学歴の本省人」[28]が中心となっている。彼らは七〇年代に国民党に対抗する政治的勢力となり、台湾語で「台湾化」を叫ぶようになる。「国語を話す高学歴の本省人」には李登輝のように戦後日本による植民地支配の終結した後アメリカで教育を受けた者も少なくなかった。彼らの中には戒厳令下の台湾に帰らない者も多かった。彼らはアメリカで民主主義や社会運動を学び、本土化の思想的基盤を国外で固め、次世代のアメリカへの留学生にも影響を与えていたと考えられる。

私は台湾人で、台湾語を話し、母語を書く。

アメリカで何を勉強しているのと聞かれると、いつも笑って「台湾学」を専攻していると答える。と言うのは、アメリカに来て二年経ち、初めて自分が育った土地、台湾について改めて知ることになったからだ。私は『認識台灣』（台湾を知る）という教科書は学んでいないが、一九九五年にワシントンで知り合った一人の台湾人のおじさんに、中国による台湾へのミサイル威嚇に抗議する活動に連れて行ってもらってから、「台湾学」の単位を取り始めた。おじさんは三〇年前アメリカに来た台湾の留学生で、当時台湾の政治は閉鎖的だったので、留学生が台湾の話題を少しでも口にするとブラックリストに載るという時代だった。……（中略）……

台湾は歴代の植民者によって踏み荒らされてきた所である。私の知っている「歴史」は現在の植民者により編纂されたものである。こうして改造された歴史は教科書となり、メディアにより遍く広まる。自分が台湾人だと意識し始めると、私の世界全てがひっくり返ってしまった。自分の下手な台湾語がうまくなりたい。台湾についての知識を知りたい。それから私は大学にある台湾同窓会に入り、台湾人コミュニティの活動に参加するようになった。一九九六年カリフォルニア州で世界台湾語文化キャンプが行われ、大きな刺激となった。どの発表者も滑らかな台湾語で異なるテーマの論文を発表した。論文を台湾語で発表できるなんて考えたこともなかった。他にもキャンプでは刺激を受けたことが随分あった。例えば、ある日本人のジャーナリストは台湾語で台湾語の重要性をスピーチした。日本人が私の母語をこんなにもうまくなるまで勉強するなんて。私はすごく恥ずかしかった。その時から私は母語が話せるだけでは足りないと感じるようになった。

（荘佩芬「尋找台灣和我的主體性」[29]より）

教育政策において「本土化」が明確に打ち出されたのは、山崎直也によれば「四一〇教改大遊行」（四一〇教育改革デモ）という民間の動きと「行政院教育改革審議委員会」の成立という政府の動きが重なった一九九四年で、教育改革の精神は初等・中等教育のカリキュラムにも反映され、「台湾の公民教育の表象するナショナル・アイデンティティの変化に影響を与える要因」となった[30]。当時の台湾の教育政策における「本土化」は、教育実務面では国家的なナショナリティ形成のために李登輝の掲げた「新台湾人化」を実行していたが、「新台湾人」の概念には、新たに「国際化」との並走を加えていくことになる。それには、当時の教育行政関係者と行政に影響力の強い研究者の多くがアメリカ留学経験者であったということも、少なからず関係していると思われる。語義の通りであるならばローカルな面が強調されがちな「本土化」というスローガンに、国際性の背景色を施したのは彼らであったと推察される。例えば、当時行政院教育改革審議委員であった黄炳煌は、教育実務面での本土化を郷土教育において実現すべきであると主張し、国際化と本土化を同時に行うことを主張している。

郷土という概念は狭すぎる、もっと世界に視野を広げるべきだという人もいるが、二一世紀の教育において本土化と国際化はともに重要であり両立できるものである。例えば、『悲情城市』『戯夢人生』等は郷土の伝統を主とした映画であるが、国際的大賞を受賞している。本土化と国際化にはまったく衝突するところはない。また、母語教育についても、閩南語は唐代の正音であるだけでなく、多くの日本語の発音も閩南語と関連がある。したがって、国際化を推進することと本土化を推進することは同時に行うべきである[31]。

黄炳煌の言う本土化にはアメリカの視点がある。彼もまた戦後コロンビア大学で博士号を取得している。国際化と本土化が両立するという主張は、近年日本でもグローカリゼーションという地方の価値を国際的に広める文脈において用いられる概念に近似しているが、当時の台湾文化もローカルな評価ではなく、グローバルに（英語圏で）認められることにより価値あるものとされていた。グローバルの意味をより政治的、経済的に解釈すれば、陳光興のように当時の台湾映画を「海外のマーケットに敏感に反応する文化商品」と称し、本土化に政治的意図を読み取ることも可能である（本書第4章注8）。いずれにせよ、台湾における本土化は、当時アメリカ留学中のエリートたちや、戦後アメリカに留学し戒厳令下の台湾に帰国せず残った元留学生たちが震源地の一つでもあり大きな推進力でもあった。かつて植民地時代に日本に内地留学した台湾や韓国の留学生が民族自決の思想を持ち帰ったように、アメリカ留学した台湾人たちもまたアメリカで学んだ民主主義、自由、各種の社会運動を母国に輸入したのである。

戦後一九六〇年まで日本への留学生数は二桁しかない時代が続き、日本への留学は台湾の本土化を動かす推進力にはほとんど影響を与えていないと思われるが、本土化の結果として訪れた自由化により日本のメディアが大量に流入し、文化侵略とまで言われるほど若年層を中心とした日本文化の受容者が増加したことは、台湾と日本の関係に新たな局面を生み出すことになる。八〇年代以後日本から台湾へ大量に大衆文化が移入されたことと、当時の世界的な短期留学の波が重なり、新しい日本留学の時代が訪れた。これもまた、本土化、自由化が予期せず生んだ産物であるのかもしれない。

筆者：日本の女の人についてはどんな感じ？　働いてる人とか、おばさんとか、台湾で想像してたのとどう違いますか。

X　：台湾で見たのはみんな少女漫画だったから、(漫画の中の日本人は)みんな親切で「やさしい」人でした。でも日本に来てから距離感があるのがわかりました。表面上はすごくいいんですが、連絡はしてきません。電話番号も教えてくれないし。

（二〇一八年八月二三日　熊本にて）

台湾人アイデンティティ

最後に、一九九四年以降の教育改革における「台湾人」はどう描かれていたか、それから二〇年余を経た現在、台湾の若者の「台湾人」アイデンティティはどう変容しているか、断片的な観察を述べてみたい。

当時の教育改革による著名な歴史教科書『認識台湾』は、社会・歴史・地理の三篇から成る。歴史篇の日本語版『台湾を知る』の日本語訳を行った蔡易達は日本語版冒頭において、この教科書の意義の大きさ、そこに表された「国造り」「新しいアイデンティティ」といった概念について言及している。

さて台湾では、初の台湾人相当・李登輝氏が登場してからの約一〇年来、政治や社会の民主化が進められているが、この国における「民主」とは文字通り、台湾の「民」がよその土地から来た政権の統治から脱却し、初めてこの島の「主人公」になったことを意味している。それだけに「民主化」には、常に「台湾化（本土化）」の色彩が伴っている。そうしたなか、国民の間では、「台湾意識（本土意識）」が高揚し、新たな国民的アイデンティティの確立を求める声が高まっている。そして新たな「国造り」を支えるものは、やはり誇りある国の歴史であることが認識されるに至った。しかし人々は台湾史について驚くほど何も知らされていなかった。目下の治安悪化や環境破壊などの問題は、全て「台湾不在」の教育に、その病原があると断言できる[32]。

「国造り」「新たな国民的アイデンティティ」といった国としてのまとまり、ナショナリティを示そうとする方針は、『認識台湾（社会篇）』において「台湾精神」として一節を割いて論じられている。そこでは「進取の気質で危険を恐れない」といった台湾人の気質が語られている。さらに、歴史的に長く外来者により支配されてきた台湾人の静かな抵抗と忍耐の精神、そして当時の台湾社会の急速な変化——教育の拡充、経済の成長、台湾人中産階級の増加——への対応についても語られている。

一九四九年以前の台湾は、中国に支配されていたときも、日本に支配されていたときも、常に政治権力の辺境にあった。住民は、新しく来た難民、開拓者とその子孫たちであった。つまり台湾においては、それぞれの時代に地主、富豪、知識人、官吏がいないわけではなかったが、全くの名門と呼べる一族はごくわずかであった。また、政治や社会の急速な変容、数十年の実績ある新教育、就業の機会均等などによって、階級間の流動化はかなり頻繁になっている。このような歴史経験と社会状況は、人間関係を比較的平等なものにし、自由を尊重して高圧統治を受け容れず、権威に立ち向かう勇気をもった人々を生み出した。清代の台湾は「治め難い」土地と言われたが、その後も、台湾人の抵抗運動は絶えることなく続いている。最近においても、われわれは、中国共産党政権の「文攻武嚇《ぶんこうぶかく》」（ことばで攻め武力で威嚇する）」に屈しなかった。これらはみな、前述の精神を十分に表すものである。

正確に言えば、台湾人は決して生まれついての反抗者ではないし、争いも好まない。ただこの三百年余り、統治者に君臨したエスニックグループは、台湾の人々を平等に取り扱おうとはしなかった。長期にわたる屈辱とたび重なる圧制が、平等と自由を要求し、自らの尊厳を守ろうとする台湾人をつくったのである[33]。

ここで語られる「台湾人」についての言説には、「平等」「自由」「尊厳」といった支配／被支配の関係に抗う意志が散見する。現在も台湾人留学生がしばしば口にする差別や尊重といった差異化を含意する語彙群は、郷土教育の成果なのだろうか。彼らは小さい頃から郷土教育を受け、台湾人としての意識も以前より明確に形成されているという印象を受ける。日本の大学生の中には、台湾人が「台湾人であると明確に言う」という印象をもつ者もおり、台湾の若い世代は以前より台湾の地位に対する主張を明確に表明できるようになっているようである[34]。

一方では、近年の中国の急速な経済発展や前総統時代の中国への政治的接近などにより、台湾の若い世代の「中国化」が進行し、新たな葛藤を生んでもいる。彼らの中国観は年々変化し、留学先はかつてのアメリカから中国へと大きくシフトし始めている。

「もう第一志望は台湾大学じゃない」

このフレーズは台湾の学生だけでなく保護者達も驚かせた。近年大学の国際ランキングや就職率において台湾は徐々に後退するのに対し大陸は上昇し続けており、教育関係者は焦燥感を募らせている。現在、新北市の北大高校では、第一回卒業生のレッドリストの最前列に北京大学、北京清華大学を置き、台湾大学、政治大学、清華大学、交通大学をその後に置いて各界やネットでも注目され話題となっている。一般の人も学者たちも、そのうちに台湾の高校卒業生の第一志望の大学は台湾大学から北京大学に取って代わるだろうと嘆いている。一九七〇年代に台湾の巷で流行していた「台湾大学に入って、アメリカに行こう」というフレーズは「北京大学に入って中国に行こう」に変わるのだろうか。ネットには「建国高校に入るには九九人に勝たねばならないが、北京大学に入るには十万人に勝たねばならない」という言葉も見られる。両岸問題における「人は高きに向かう」という趨勢と言えよう。

（『中國電子報告』二〇一七年一〇月二一日　筆者による日本語訳）

近年の台湾人の若い世代の台湾人アイデンティティの変容については、筆者もまだその動向を把握しきれていないが、時代と共に変容するそのアイデンティティを知るなら、日本人はもう容易に「親日」とは言えなくなるはずだ。

■注

1　尖閣列島（釣魚台）を中華民国の領土として守る運動。一九七〇年日本が主権下にあることを宣言し米国国務院も返還予定の沖縄に所属すると述べた。中華民国外交部は抗議声明を出したが有効な手立てを採れず、七一年にこれを「弱腰外交」と批判する台湾大学等の学生やアメリカ在住の留学生による愛国運動としての「保衛釣魚台運動」が発生した。（鄭鴻生、二〇一四年、p.3）

2　鄭鴻生『台湾六八年世代、戒厳令下の青春――釣魚台運動から学園闘争、台湾民主化の原点へ』丸川哲史訳、

二〇一四年、作品社、p.5

3 文科省「留学生受入れの概況」平成一二 - 一五年度版、独立行政法人日本学生支援機構「外国人留学生在籍状況調査結果」平成一六 - 二九年度

4 大頭香「聊一聊」台灣查某編著『台灣女生留學手記』台北：玉山社、二〇〇〇年、p.264

5 「木頭人」は、のろま、鈍感な人を指す。

6 前掲、大頭香「聊一聊」p.266

7 嶋津百代「第二言語話者として生きる――第二言語習得と学習者のアイデンティティ研究」『多文化社会と留学生交流：大阪大学留学生センター研究論集』一〇、二〇〇六年、pp.51-60／義永美央子「第二言語習得における社会的視点――認知的視点との比較と今後の展望」『社会言語化学』一二 - 一、二〇〇九年、pp.15-31

8 エラスムス計画（The European Community Action Scheme for the Mobility of University Students：ERASMUS）は人材養成計画、科学・技術分野におけるＥＣ（現在はＥＵ）加盟国間の人物交流協力計画の一つで、大学間交流協定等による共同教育プログラムにより大学間ネットワークを構築し、加盟国間の学生流動を高める計画である。文科省 HP より。（二〇一八年九月三日検索）

9 文科省ＨＰより。（二〇一八年九月三日検索）

10 張芳全『我國與留學地主國間留學互動模式之探索暨我國未來留學人數之預測』國立政治大學教育學研究所碩士論文、一九八四年／曾玉娟『教育部公費留學返國人員之調査研究』國立政治大學教育學研究所碩士論文、一九九八年

11 Rosenthal,D.A., Ethnic Identity Development in Adolescents, In Phinney,J.S. and Rotheram,M.(eds) *Children's ethnic socialization:Pluralism and development.Nevebury* Park,CA: Sage,1987,pp.32-55.

12 Alred,G.and Byram,M.,Becoming an Intercultural Mediator: A Longitudinal Study of Residence Abroad, *Journal of Multilingual and Multicultural Development*, 23-5, 2000, pp.339-352

13 坪井健「留学生研究関連文献目録（一九九五‐二〇〇五）」平成一七年度科研費補助金　基盤研究C『留学生受け入れ二〇年間の動向と在日留学生の生活実態の変容に関する実証的研究』二〇〇五年
14 Ward.C., Bochner.S. and Furnham.A. *The Psychology of Culture Shock (2nd)* Sussex:Routledge,2000
15 箕浦康子『子供の異文化体験——人格形成過程の心理人類学的研究（増補改訂版）』新思索社、二〇〇三年
16 森田京子「アイデンティティー・ポリティックとサバイバル戦略——在日ブラジル人児童のエスノグラフィー」『質的心理学研究』二〇〇四年、pp.6-27
17 林怡煖『前往東瀛之路——台灣留日制度與留學生問題之探討』台灣大學新聞研究所碩士論文、一九九九年／高凡晴『台灣日文系短期留學制度之研究——以其現狀及問題點為中心』銘傳大學應用日語學研究所碩士論文、二〇〇四年／羅曉勤「短期留學生の自己イメージの変化と日本語学習との関係」『銘傳日本語教育』七、二〇〇四年、pp.46-66
18 台灣査某編著『台灣女生留學手記　Ⅱ』台北：玉山社、二〇一〇年
19 沈秀華「前言——認同之旅」前掲、台灣査某編著『台灣女生留學手記』二〇〇〇年、p.246
20 梶田叡一「アイデンティティ概念再考」梶田叡一編『自己意識研究の現在』ナカニシヤ出版、二〇〇二年、pp.16-17
21 沈秀華「拼湊在時空中」前掲、台灣査某編著『台灣女生留學手記』p.268
22 岩男寿美子・萩原滋『日本で学ぶ留学生——社会心理学的分析』勁草書房、一九八八年、p.230
23 同右、pp.70-72
24 黄政傑「教育本土化的理念」『北縣教育』七、一九九五年、pp.26-29
25 台北『中央日報』一九九八年一〇月二五日、台北中日経済文化代表処HP「台湾週報」一九九九年二月一一日「新台湾人とは何か」
26 丸川哲史『台湾、ポストコロニアルの身体』青土社、pp.38-39
27 若林正丈『台湾——変容し躊躇するアイデンティティ』第五章、筑摩書房、二〇〇一年

28 同右、p.130
29 荘佩芬「尋找台灣和我的主體性」前掲、台灣査某編著『台灣女生留學手記』pp.276-277
30 山崎直也『戦後台湾教育とナショナル・アイデンティティ』東信堂、二〇〇九年、第四章
31 黄炳煌『教育改革――理念、策略與措施』台北：心理出版社、一九九六年、p.269（日本語訳は筆者による）
32 国立編譯館編『認識台湾（歴史篇）』台北：国立編譯館、一九九八年（日本語訳 蔡易達・永山英樹訳『台湾国民中学歴史教科書 台湾を知る』雄山閣出版、二〇〇〇年、pp.i-ii
33 国立編譯館編『認識台湾（社会篇）』台北：国立編譯館、一九九八年（日本語版校閲 松金公正『認識台湾（社会篇）』二〇〇三年、財団法人交流協会、pp.46-47
34 呂宜靜「日本人の大学生における台湾に対する意識」熊本学園大学大学院国際文化研究科修士論文、二〇一九年

第6章　ロケーションとしてのアジア

あのころ、毎週一回、語学の交換教授とは名ばかりで、いっしょに散歩したり、中央公園に碁を打ちに行ったり、ウマが合うというのか、不思議に感情が通って、私の生涯の苦しい、早く忘れてしまいたい一時期である二年間に、あなたとの交友の思い出ばかりは、いまもなお、ますます鮮明になるのですが、当時、黙契のようにお互に時局については一言も口にしませんでした。私はあなたをいたわっていたのでしょうか。そうです。不遜にもいたわっていたのです。そして、あなたをいたわることによって、自分をいたわっていたのです。その不遜さが今日復讐されようとは、私は当時はまだ気づいていませんでした。一度、なぜ就職しないのですか、と私がたずねたとき、あなたは笑って、食うに困らないから、と答えたことがありましたが、そのときも私は、あなたの悲しみの深さを量れなかった。今はわかります。あのときのあなたの悲しみが、いまの私の悲しみになった今、それがわかります。文化の深さは蓄積の量ではなく、それが現在あらわれる抵抗の量によって測られるということ、あなたがその一端につながっている北京市民、あるいは全中国民衆の目に見えぬ抵抗が、どんなに大きかったかということ、そしてそのことを、私も含めて、日本人一般が気づかなかったし、いまも十分には気づいていないこと、とくに文化問題として気づいていないこと、私があなたをいたわるつもりであなたを傷つけていたのが、文化に対する私の理解の浅さからくるものであったということをわたしはさとりました。

（竹内好「中国人のある友人へ」より）

ネオインペリアルな風景

本章では、日本とアジア諸国の間に存在してきたネオインペリアリズムの状況と、それを形成する歴史的・意識的要因について概観し、日本社会における留学というロケーションの変化、そこからアジアの留学生教育への提言を行う。

ここでネオインペリアルと称するのは、軍事強国から経済強国に移行した日本とアジア諸国との間の支配／被支配の非対称な関係であり、ネオインペリアリズムはその関係を生み出す意識である。ポストコロニアルと区別しているのは、日本における八〇‐九〇年代の旧植民地を中心とした経済による支配関係が、現在急増する日本国内のベトナムなどの新興アジア諸国との間の支配関係にシフトしており、両者に共通する意識を扱う用語として用いるためである。

次に引用するアメリカの女性詩人リッチの文章は、社会学者バリーの著作[2]を参考に一九七九‐一九八四年に書かれたものである。日本と台湾の関係ばかりでなく、アジア諸国、そして西洋社会の過去・現在（当時）・未来の様相が、ここには凝縮されている。当時日本は経済大国として再び台湾を含む東アジアと不均衡な関係を結び、かつての植民地における支配／被支配の関係を再生させていた。

女はこの「衝動」の不可避性を自然なものとして受け入れることを学ぶ。ドグマとしてそう教えこまれるからである。だから夫による妻の強姦がある。だから日本の妻は、台湾へ売春の週末旅行にゆく夫のスーツケースを、だまってしたくする。だから夫と妻、男性雇用者と女性労働者、父と娘、男の教授と女の学生のあいだに、経済的にだけでなく心理的にも力の不均衡がある。

（リッチ『アドリエンヌ・リッチ女性論　血《ち》・パン・詩《し》。』より[3]）

さらに、リッチは意図していないが、ここには白人女性である作者の「日本と台湾」という第三世界を一括りにするオリエンタリズムの存在も否定できない。八〇年代の中国におけるネオインペリアルな状況について、子安宣邦は日本人の変わらぬ「認識図式」を指摘している。

一九八〇年代の終わり、天安門事件の起こる前年に北京に数ヶ月滞在していた私の目には経済強国日本の代表者たちの中国における姿は軍事強国日本の代表者たちの姿の悪夢のような再生に見えた。北京の友誼賓館の中庭で遊ぶ日本商社員たちの子供のお守り役を安い給料でつとめる中国の年配の女性たちの姿を見て、私はやりきれない思いを味わった。やりきれないのは、こうして無自覚的に持続されてしまった日本人のあの認識図式である。一九三〇年以来の世界における日本の地位をめぐる認識図式は、敗戦を経過しながらも、明確な清算の意志のない日本国家によって暗黙に維持されてきたのではないか[4]。

九〇年代の台湾で筆者が見たのもこれに似た光景だった。当時日本商社員たちは、中国に派遣される前に比較的生活しやすい台湾で一年ほど中国語の研修をして過ごすことが多かった。日本人商社員の中には台湾人を見下す者も少なくなかった。ある時、日本人駐在員の夫人が宴席で台湾の環境について不満を並べ、こう言った。「フランス語を習い始めたのよ。本当に気分がよくなった」その席にいたのは日本語の堪能な台湾人ばかりだった。

九〇年代後半、東アジア諸国、香港、シンガポール、ASEAN諸国の経済も急成長し、日本と台湾を取り巻く状況も変わった。台湾在住の日本の商社員や官僚、そしてその妻たちの中にも中国語や台湾語を学ぶ人、台湾の文化に興味をもつ人が増えた。日本の高校の海外修学旅行は九〇年代以降急増し、行先は韓国、中国、マレーシア、シンガポールなどアジア諸国が上位を占めた[5]。

一方、台湾では本土化の潮流の中で教育改革が進み、九八年に国民中学の社会科教科書『認識台湾（歴史篇）』が出版され、自国の歴史教育を見直す施策が進んだ。だが、高まるアジアへの関心の中で、日本の教育現場における台湾への関心はまだ低かったようである。

毎年四月、私は「中国思想史」の最初の授業のとき、学生たちにいくつかのアンケートを行っている。そのとき、台湾の正式な国名を書くことのできる学生が、受講生の二〇％もいれば、よいほうである。また、台湾が一八九五年六月以降、「五一年」のあいだ日本の「植民地」であったことを知る学生は、もっと少ない。

京都の高等学校で社会科を教える先生たちが、アジアを実地に「研究調査」して書いた、なかなかいい本がある。題して『アジアに強くなる75章』（京都高等学校社会科研究会編、かもがわ出版、一九九五年）。

本書は、韓国併合、「満州国」、南京大虐殺、七三一部隊、シンガポールの「華人虐殺」など、いわゆる「日本帝国主義」のおこなった罪悪に目をつぶることなく、アジアの過去と未来を語っていて、好感がもてる。だが、驚いたことに、この書物のなかで、「旧植民地台湾」についての記述は、ほぼ皆無といっても過言ではない。わずかに、66章「アジアの映画は、いま最高！」のところに、「非情城市」のほか四本の台湾映画の解説がなされているにすぎないのである。

私の教える学生たちは、おそらく高校の授業で、大陸中国についての知識は与えられても、台湾についてはほとんど何も教えられずに、大学にはいってきたのだろう。

（河田悌一「もっと知るべき国——台湾」[6]より）

二〇〇〇年を過ぎた頃も、若い世代における日台の相互理解の不均衡は変わらず、日本で不愉快な経験をする台湾人留学生も少なくなかった。

（日本人の大学生に台湾は大陸と同じだろうと思っていたが、こんなに面白い所とは思わなかったと言われたと聞いて）

筆者：その人、きっと台湾はまだ経済発展してないって思っていたんだね。

Ｋ　：（日本語で）あれはよくあります。あの、まだ貧乏ですか、まだ。
筆者：日本にいると、台湾の情報は少ないですよね。
Ｋ　：（日本語で）食べることしか知りません。
（二〇〇四年四月一四日　台北にて）

二〇一八年現在、日本人の若者の台湾に関する知識と情報の不均衡はさほど変わっていないように思える。その内容も食べ物、映画といった観光と娯楽に偏っている。

筆者：日本に来て日本人の友だちとか知り合いは台湾にどういうイメージをもってると思った？
Ｙ　：例えば台湾っていったら、「ああ知ってる、千と千尋九份の、でしょ」とか、あと「マンゴとか、ああ果物がおいしいね」とか、こういう返事が多いと思います。
筆者：今はね、結構みんな台湾によく遊びに行くし、でも、もうちょっと前はもっと知らなかったと思うんだよね。
Ｙ　：僕が言われたことあるのが「台湾？　うん、知ってるよ、タイの横でしょう？」
筆者：日本で言われたの？
Ｙ　：日本で。「フィリピンの南？」って。違う！「東南アジアでしょう」とか、「とりあえず島国でしょう」とか。
筆者：みんなあまり注意してないということね。天気予報を見てると沖縄の先にあるのにね。
Ｙ　：チラっと見えるし。
（二〇一八年八月六日　熊本にて　日本語による）

台湾のみならず、日本人の若者が他国や日本の歴史や文化を知らなさ過ぎるということを近隣諸国への留学で自覚したという報告もある。高橋萌子・服部圭子・武知薫子・酒匂康裕は、韓国への長期交換留学における日本人大学生の学びを調査しているが、そこには、日本人留学生による次のようなコメントが見られる。「ベトナム人の友だちが、ベトナム戦争時に韓国兵がしたベトナム人の大量虐殺について教えてくれました」「自分の国の歴史を知らなさ過ぎたことに気づきました。韓国と関係の濃い日本の歴史をまともに知らなければ韓国の歴史について理解することは到底難しい」「国の文化を比較した質問をされるとき、私は、日本について答えるのが難しい。むしろ外国人から『日本はこうでしょう?』と聞かれる。」等々[7]。日本の若者が他国や自国の歴史・文化の知識に乏しいことは、大人たちがこれまで旧植民地との関係・その裏面である日本の近代化と向き合うことを回避してきたことに端を発しているのではないか。あの「辛いことから入らなくてもいい」という奇妙な配慮によって。

日本人の粗雑なアジア観の原因の一つは、小森陽一、子安宣邦、樋口直人などによれば、日本の敗戦のあり方と冷戦体制という歴史的・政治的背景にある[8]。在日外国人に対する「日本型排外主義」を論じた樋口直人は、近隣諸国との関係により規定される外国人排斥の動きとしての日本型排外主義が、戦後の植民地清算と冷戦に立脚するものであると指摘している。その起源は近隣諸国との歴史的関係であり、冷戦体制下で日本が過去の清算をうやむやにするという「恩恵」を被ったことにあると言う。子安宣邦は、先に引用した著書での北京におけるネオインペリアルな風景の記述に続けてこう述べている。

一九三〇年以来の世界における日本の地位をめぐる認識図式は、敗戦を経過しながらも、明確な清算の意志のない日本国家によって暗黙に維持されてきたのではないか。旧植民地や被侵略国をはじめとするアジア諸国との関係について、日本国家はなしくずし的な関係修正の表明以外に、過誤の生産と新たな関係樹立のはっきりとした国家意思を表明することはなかった。国家におけるこの明確な修正意志の欠如から、日本の権力機構の頂点から靖国参拝問題として、また歴史教科書問題としてたえず歴史見直し論要求がくりかえし発せられることになるのだ。帝国日本との連続性の要求は戦後過程を通じて一貫して日本国家によって隠微にもち続けられてきたといえる[9]。

権力機構による「帝国日本との連続性の要求」は、一般の日本人にも歴史の忘却、他文化への関心の薄さや軽視といった形で、時代を超えて浸透しているのではないか。日本のポストコロニアリズムについて検証した本橋哲也・成田龍一は、「いわば大日本帝国がつくりあげた矛盾のうえに戦後と冷戦の矛盾があらたに加わってできた体制が現在も変容しつつ継続している状況が『日本』を取り囲むポスト・コロニアルな現実なのである[10]」と述べ、戦前から戦後、そして現在に継続する日本、東アジアのポストコロニアルな状況を指摘している。そして、日本のポストコロニアリズムの特徴として、反戦や平和をめぐる意識は議論されても、植民地主義・帝国主義の問題については無自覚で無反省な態度が顕著であることを挙げている。

他文化に対する認識には遠近と強弱がある。大英博物館における世界の文明の配列のように、人は自らの文化の視点からしか他の文化を認識することはできない。地理的に近い文化、力の強い文化は強く認識し、関心も高い。日本はいつからアジアを遠く配列するようになったのか。竹内好は、敗戦により日本がアジアを主体的に考える姿勢を失ったと述べている。

当時、アジアは深く日本人の心のうちにあった。そのアジア認識がじつは誤っていることを配線によって教えられるわけだが、誤ったにせよ、ともかく主体的に考える姿勢はあった。そのしてこの姿勢は、明治以後の近代化の歴史のなかでつちかわれたものだった。

敗戦とともに、文明開化のやり直しが始まり、その風潮のなかで大東亜戦争は一から十まで否定された。最初に述べたように、これはやむをえないといえばやむをえないが、そのために大切なものを失う結果となった。

失ったものは、明治以来つちかってきたアジアを主体的に考える姿勢である。アジアの一員として、アジアに責任を負う姿勢である。それを放棄してしまった。そして、もし欲すればただちに世界国家なり世界政府なりが実現するような幻想にとらわれてしまった[11]。

他者化による本質主義

日本人の粗雑なアジア観のもう一つの原因は、日本の近代化におけるロケーションのあり方、そして文化本質主義と他者化という意識である。

近代化という野蛮から文明へという二項対立的な文明発達の位置取りにおいて、日本はかつて矛盾した方法でロケーションを行った。小森陽一は日本の幕末から戦後までの歴史的叙述を「植民地的無意識」と「植民地主義的意識」との矛盾の中で捉え直し、欧米列強による「万国公法」の論理を日本に都合よく読み解いた福沢諭吉の『文明論之概略』を挙げ、「文明」「半開」「野蛮」の三段階による世界文明の分類において「半開」と位置付けられた日本の意識を次のように分析する。

「半開」は「文明」という他者としての鏡に自己を映し、その基準によって自己像を形成することでしか「半開」たりえない。同時に「半開」が「未開」ないしは「野蛮」に落ち、「文明」としての欧米列強の「奴隷」にならないためには、もう一方の他者としての鏡である「未開」ないしは「野蛮」を新たに発見するか捏造して、そこに自己を映しながら、彼らと比べれば自分たちは十分に「文明」に属しているということを確認しなければならない[12]。

「半開」としての複雑な意識は「脱亜」の思想に繋がる。それは、ブラジルの教育家フレイレの指摘する「被抑圧者の二重性」（duality）と類似する、矛盾した心理である。

自らの内部に抑圧者を「宿して」いるという被抑圧者の二重性から引き起こされる不安感によって、一方では抑圧者を避けるようになり、もう一方では対決すべきときに、抑圧者に惹きつけられる、というようなことになってしまう……（後略）[13]。

抑圧の意識の二重性を生み出す意識を、小森は「植民地的無意識／意識」と呼び、日本の植民地支配を支えた意識として説明する。「植民地的無意識」は、自分より文明的な他者に隷属する不安から逃れるために自分より野蛮な他者を見つけ、自分が野蛮であることを記憶から消し去る操作であり、「植民地的意識」は自分より野蛮なものを見つけ続ける意識である。

近代化におけるロケーションのあり方に加え、粗雑なアジア観を形成するもう一つの意識は、他者を排除する意識、すなわち「文化的本質主義」（cultural essentialism）と「他者化」（otherize）である。文化的本質主義は文化に本質的差異を認め、自文化の優位性を信じると同時に他者を逸脱とみなすもので、排外主義に繋がっていく。

日本社会は常々その自己閉鎖性が指摘されている[14]が、諸外国の他者との接触に際し本質主義に陥りやすく、個人の意識にも外国人に対し「保守的な悪魔化[15]」と言われる「保守的な他者化」が根強く存在している。いわゆるヘイトのような強い意識ではなくとも、外国人というだけで拒否感を示す人は現在も多い。二〇一七年、西日本新聞社の行った日本の移民政策についてのアンケート[16]では、「外国人は怖い」「外国人アレルギーがある」といった日本人の声が聞かれたと言う。

文化本質主義を形成するもう一つの他者化は、「リベラルな他者化」、すなわち文明／野蛮というスケール上に諸文化を序列化することにより自らの先進性、優位性を認めるもので、近代以降日本がアジア諸国に対してもつ意識である。「リベラルな他者化」は他者を自分より物質的、文化的環境が不足しているとみなす[17]。アジア諸国を一律に「貧しい」と認識すること、中国人観光客のマナーへの非難、ベトナム人居住者に対する周辺住民の過度な反応などは、いずれもリベラルな他者化の例である。

二つの他者化は現在の日本社会で併存し、同じスケールの上に位置しているようである。最近筆者の行っている調査で印象深いことがあった。それは、外国人研修生と働く日本人社員にインタビューを行った際、録音機材を止めてから語り出した彼の本音である。「臭いんだよな。△△人は臭くないけど、〇〇人は臭い。風呂入ってるのかなあ。」彼は日頃から外国人に親切であると評判だっただけに、彼の口からこのことばを聞いたのは意外であった。「臭い」という否定的感覚、生理的拒絶感は、他者の属性の否定に直結しており、保守的な他者化とも言える。同時にこのことばは当該社会の清潔度、先進性を意味しており、リベラルな他者化の基準ともなっている。それから一週間ほどして筆者は大学の講義の時、学生から同じことばを聞いた。アジアのある国（先の〇〇とは別の国）について話している時、学生たちにその国に行ったことがあるか聞いたところ、後方に座っていた女子学生が一人挙手した。印象を尋ねると「臭かったです」という答えが返ってきた。幸いその場にその国の留学生はいなかった。

二種の他者化は日本社会の閉鎖性を構成する意識であり、現在の日本社会で日本人と外国人が共生する難しさを生んでいる。これについて平田オリザは警鐘を鳴らす。

> 一番大切なのは、私たちが「日本はもはやアジア唯一の先進国ではないし、成長社会でもない」という現実を受け止め、緩やかな衰退期に入った国としてどう振る舞うべきか考えることだ。
>
> （平田オリザ「衰退期直視し戦略を」より[18]）

ネオインペリアルな風景——現在の日本

熊本市内にある専門学校の日本語クラスの風景は、僅か数年の間に劇的に変化した。二〇〇九年に筆者が初めて見学に訪れた頃、クラスの学習者はほぼ全員中国人であったが、それから数年すると、ほとんどベトナム人、ネパール人などに変わった。中国人留学生の多くは専門学校を卒業した後大学に進学していたが、ベトナム人やネパール人の留学生の多くは大学には進学せず別の専門技能の専門学校に移るか、同じ学校内でより専門的な技能のクラスに移る。彼らにとって大学進学は経済的にも日本語能力的にもハードルが高いし、そもそも働くことが来日の目的であるからだ。

こうした状況は熊本だけでない。日本全国における外国人労働者数は年々増加し、二〇一七年には一二七万八六七〇人と過去最高となっているが、そのうち技能実習生は二三万八四一二人と一八・六%を占める。内閣府資料[19]によると、日本におけるこの五年間の雇用者数の増加の二割は外国人労働者の増加で、その増加の過半数は留学生のアルバイト等の資格外活動や技能実習生の増加によるものである。

二〇〇九年、筆者が熊本に転居する数か月前に、熊本で外国人技能実習生に関わる痛ましい事件があった。熊本県旧鹿本郡植木町（現在は熊本市植木町）で二二歳の中国人の農業研修生が研修先の農家の夫婦を殺害し、自らも命を絶った。その頃から日本各地で外国人実習生の失踪や労働環境をめぐる様々な問題が頻発するようになりマスコミでも取り上げられるようになったが、彼らを取り巻く環境は変わったのだろうか。

二〇一四年六月に熊本県八代市のスナックでホステスとして資格外就労のため逮捕された中国人技能実習生三名は、養鶏の農業技能実習生として来日したが、養鶏の仕事は二週間ほどで大半の仕事は技能実習生に認められていない卵の袋詰め作業で、毎日三、四時間、時には深夜まで長時間労働が行われていた。
（『コムスタカ』[20] 第八七号、二〇一四年一二月二一日）

『毎日新聞』（二〇一七年一一月二四日大阪朝刊）によると、外国人技能実習生の失踪数は二年連続五〇〇〇人を超え、厚生労働省の調査で約七割の実習先で賃金不払いや「過労死ライン」（直近一か月で一〇〇時間）を超える長時間残業などの労働関係法令違反が確認されている。また、二〇一八年三月にはベトナム人実習生が除染作業という説明を受けないまま東京電力福島第一原子力発電所の事故に伴う除染作業に従事していたことが報道されるなど、外国人労働者の人権問題は問題視されながら増加する一方で、抜本的な解決策は取られていない。背景には、高齢化・過疎化する地方の農林業・零細企業の深刻な人出不足といった社会構造の問題があるが、除染作業の例などは、単に人出不足という経済的・社会構造的な理由では済ませられない、日本人による他者化の意識の問題を含んでいる。

実習先や留学先の機関から疾走する外国人も増え、二〇一七年一月から六月の上半期で三二〇五人と初めて三千人を超えた[21]。外国人労働者と雇用者とのトラブルも表面化するようになった。熊本では二〇一六年の地震以後、家の解体作業や道路の補修などの作業に従事する外国人が急増し[22]、中には外国人技能実習生が受入先の会社に損害賠償を請求する事例もあるが、雇用者側は「実習生のためにもなっている」「そうでないと自分の会社はやっていけない」という説明が繰り返される。実習生を悪条件で働かせることは「自分の（会社の）利益のため」であるはずだが、敢て「実習生のため」という言説は、例の「植民有理――日本植民地時代に台湾で行ったインフラ整備が結果として台湾の戦後発展のためになった」という「親日」の理由付けと似てはいないか。また、外国人研修生の仕事を紹介する監理団体が本来同国人として実習生の支えとなるはずの日本語のできる同国人を使い実習生を支配しているのも、かつての植民地エリートによる二重支配の構造と似てはいないか。

ただ、現在のネオインペリアリズムが八〇‐九〇年代の旧植民地におけるそれと異なるのは、高齢化と人出不足に苦しむ日本の地方を中心とした工場、建設現場、農園など「不可視」の場所である。ヤングによれば、世界各地で働く「不可視化された労働者」（invisible worker）は中産階級の自己啓発的な職業と自己中心的な生活を支えており、こうした労働の差異が後期近代の特徴である[23]。不可視化された労働者には外国人だけでなく日本人のワーキング・プアも含まれており、現在の日本のネオインペリアリズムの特徴は、格差のある社会構造の中に外国人をはじめとする様々なマイノリティが包摂され、外国人であるという保守的な他者化が経済力というリベラルなスケールで見えにくいということで、そのために支援や行政サービスが難しくなっている。

八〇‐九〇年代と現在とでは状況も異なるが、インペリアリズムの中心的な構造である支配／被支配の関係は繰り返されている。ルーンバはネオコロニアリズム、もしくはネオインペリアリズムの定義に当たり、これらの意識が初期植民地支配の時代から歴史と共に変化し、地域により異なることを指摘している。例えば、依存させ支配するという経済（社会）関係がある場合、植民地を直接支配せずともヨーロッパ産業と商品の専属労働力と専属市場は確保でき、直接支配する植民地は必要がない[24]。同様の状況は、八〇・九〇年代の旧植民地と日本の経済関係も存在した。また、ルーンバの指摘するコロニアリズム、あるいはインペリアリズムのもう一つの特徴として、「歴史的重層性」――コロニアルな現象が過去にも現在にも繰り返し現れるということ――がある。本橋哲也もポストコロニアリズムを歴史観であるとし、一五世紀から現在までの植民地主義をめぐる歴史をすべて現在進行形で捉えることがポストコロニアリズムの基本姿勢であると述べ、その特徴としての歴史的重層性を強調している[25]。日本の八〇・九〇年代、そして現在の状況がその証左となるであろうし、日本のみならず欧米諸国における移民の問題もまたそれを体現している。

ロケーションとしてのアジア

日本やアジアで形を変えつつ繰り返されるインペリアリズムを批判するのに必要なのは、おそらくアジアの視点である。竹内好の提唱した「方法としてのアジア」は、子安宣邦において「世界史をアジアから批判的に見直す視座」であり[26]、「従来のアジア像を構成してきた近代ヨーロッパからの眼差し、まさしくオリエンタリズムと厳しく交錯する」、歴史に対する批判的な視点である。陳光興においてもそれは、「脱帝国化」の方法であり、植民地と宗主国とで生じるべきものであるとされ再考されている[27]。「方法としてのアジア」における視座は自己の位置取りであり、本書で用いている異文化における個人のアイデンティティを中心としたロケーションにも関係する概念である。陳光興は竹内好が日本の歴史に向き合う際の方法をこう解説する。

　こう言えるだろうか。竹内の戦後の転換とは、まさに二つの問題を一つのものとすることであった――方法としての中国／アジアについてさらに正確にその問いに答えること、そしてもう一つは日本の歴史はどのように道を踏み誤ったのか、どこに間違いがあったのかを考察すること。……（中略）……竹内が日本の禍根を掘り下げようとしたその方法は、アジアの別の近代化の過程のモデルを対照し、その中から日本人にはどんな問題があるのか探ろうとしたことである[28]。

自国と他国の歴史や文化をアジアの視点から見るというこの方法は、本書の序章の冒頭で引用した陳光興の問いへの答えにもなり得る。再度その問いを引用する。

　おそらく、台湾の学生にとって日本に行くのは日本の知識を学ぶためであろうし、日本の方も別の視野を提供する義務もあるわけではない。そこで如何に自覚し、日本の知的位置を省察するかは、留学生の問題であって、教師の問題ではないだろう。しかしこのことは、前述したように具体的な省察の方法が見つかっていないことを反映している。日本の学術思想界は結局、どのように旧植民地を処理しようとしているのか、自身の位置はどこにあるべきか？　旧植民地から来た学生とどのように向き合い、彼／彼女たちに何を提供すべきなのか？　また日本人の学生に対しても、どのように旧植民地の文学と思想の困難を教えようというのか？[29]

筆者にはまだこの問いに十分に答える力はない。現在考えられる答えの一つは、それぞれの知識の領域について批判的な視点、特にアジアの視点をもつことである。日本語教育の領域で言えば、教授法の歴史を再考し、英語教育とは異なった視点からアジアの第二言語教育の方法を見直すことにより、日本とアジアの第二言語教育を再考することである。その過程には、旧植民地で日本が行った国語教育、戦前にアメリカが行った日本語教育などについて問い直す作業も含まれてくるだろう。日本語教育史は研究者も研究書も少ないという事実は、筆者も含めこの領域の研究者・教育者が旧植民地の歴史に向き合ってこなかったこと、そして英語教育の方法を無批判に模倣し、アジアの視点から言語教育を捉えてこなかったことを意味する。

次に、台湾をはじめ旧植民地から来た学生にまず提供すべきなのは、アジアの視点に立ち、アジアで応用できる研究方法と第二言語教育である。九〇年代に台湾の大学研究者の多くを占めていたアメリカ留学経験者がアメリカから持ち帰ったのは、台湾でも応用できる「理論」であった。例えば、言語学の分野ではアメリカの理論言語学を用いた台湾語や先住民族の言語の分析が行われていたし、社会学ではアメリカのフェミニズム理論が台湾の女性運動や女性学に大きな影響を与えた。日本留学帰りの教授たちから聞いたのは、日本で学んだ方法が台湾で応用しにくいということだった。それはアジアの方法ではなく、日本の方法であったためであろう。一九九四年台湾大学に日本語学科が設立される前後、台湾大学の歴史学科教授に言われた、「学生たちに歴史を研究できる日本語を教えてほしい」ということばに、今なら少し答えられる気がする。当時はいわゆるアカデミック・ジャパニーズ、すなわち研究のためのスキルを取り出して教えることと解釈していたが、日本留学経験者であるその教授が切望したのは、自分の留学中に最も必要だったもの、日本の歴史を分析し、議論するための語学教育ではなかったか。そのためには、教師自身に日本・アジアの歴史や文化、それぞれに対する知識も要求されるであろうし、歴史をはじめ各領域の研究者との協力による教材開発や授業実践の研究なども必要となる。

アジアの視点、「方法としてのアジア」はまた、「理論」についても別のものを提示する可能性を秘めている。例えば、陳光興は魯迅の叙述方式に、西洋の「理論」とは異なる、陳自身の理論叙述の方法を見出している[30]。改めてアジアから日本への留学の意味を問う時、アジア人がアジア人に求めるのは、文化と心の深い理解、そして共感に基づく等身大の鏡である。方法としてのアジアは、隣国の言語・文化に対する時、知識へのより深い理解、すなわち心の理解にまで踏み込んで理解することを要求する。アジア系留学生が日本人の親和性に不満を感じるのも、アジア人がアジア人に対等な心の繋がりを求めていることを示している。

また、方法としてのアジアは、留学する者に、共感に基づく等身大の鏡を提供する。竹内好が中国で「自分と同じような考えをもっているらしい人間がいるということに感動した[31]」ことは、彼が中国文学を学ぼうとする強い動機となった。竹内はこう続ける。「ヨーロッパへ行く、あるいはアメリカへ行くということならば、そこにむしろ自分たちより優れた人間がいるという感じをもつのじゃないかと思う」と。アジアの留学生たちが日本で感じるのは、等身大の比較対象と深く共感できる文化背景である。本書の第3章で見た、日本の女性の自律する姿に自らを照らそうとする女子留学生の姿もその例である。

Ｋ：私にとって影響が大きかったのは、今思うと、私の将来の進路選択に影響を与えた人です。（大学近くの小学校の）剣道クラブで知り合ったお母さんで、すごく若いんです。三五歳で小学校六年の娘がいて娘と二人で剣道を習ってるんですが、その人はシングル・マザーで、旦那さんと別れた後自分で子どもを育てています。

（二〇〇五年一月一七日　台北にて　第3章　一部再掲）

Ｋがその日本人女性に影響を受けたのは、彼女を取り巻く社会背景まで想像でき「共感」が可能であったこと、台湾社会との比較が容易にできたこと、そして彼女と心の通じ合う対話による「理解」ができたことによるであろう。

同じような状況をアメリカ留学で想像するのは難しいだろうか。アメリカ留学した台湾人留学生の手記に記された女性教授の姿には、優れたものへの「憧憬」が溢れている。彼女が大学院生だから研究者に憧れるのは当然としても、逆に、これと同じ状況を日本留学で想像するのは難しい。

五〇歳を越えたウェンディは子どもがいなくて、研究がすべてである。彼女は平日も週末もずっと大学に来ている仕事マニアだ。一番の楽しみはオープンカーを運転して夫と一緒に海辺のコテージに出かけ、日光浴を楽しむことだ。夫婦二人、美しい浜辺、一人一台のノートパソコン。休みでも仕事は忘れない！

（鄒佩蘭「我所見到的女教授」[32]より）

他の言語・文化を深く理解することは、その文化に住み、そこに住む人と時間を過ごし、ことばを交わすことで培われる。竹内好もまた中国に留学し、中国人の知己を得て、その眼差しを得ることができた。戦前、戦中と、彼が中国人の眼差しをもちながら日本の歴史的歩みを見つめ、戦後もその眼差しをもって省察することができたのは、留学による中国経験と中国文学研究という「方法としての中国」を獲得していたためであろう。留学は人にその「方法」を与える。

ロケーションとしてのアジアは、留学においてローカルな、アジアの視点からグローバルを見る、すなわちマルチローカルな気付きを意味する。アジアに視野を限定するということでは決してない。かつて日本植民地時代の台湾からの留学生が日本との差異に気付くことで国際的視野をもったように、かつて台湾の本土化においてアメリカへの留学生が思想的に大きな役割を果たしたように。マルチローカルな気付きとは、西洋を批判的に参照し、隣国の文化を等身大の鏡としながら、自らの位置に気付くことである。ロケーションとしてのアジアはまず、アジアの留学生を受け入れる我々に求められる意識でもある。

そして今、アジアの定義も範囲も変容している。

今年の夏、一人の英語を専攻する学生がニュージーランドの大学に行った。一人で四週間ホームステイをしながら、日本語教育のインターン・プログラムに参加した。日頃は寡黙な印象の彼がニュージーランドで行った日本文化の授業は、日本の「かわいい」文化を分析した社会言語学の講義での知識を活かしたもので、切り口と教材が素晴らしかった。彼の担当したクラスは多民族で、クラス写真にはアジア系と西欧系の学生が混在していた。彼の日本文化の授業は英語で行われたが、その視点はクラスにいるアジア系移民の学生の視点も意識した、異種混淆の視点だった。写真に写った学生一人一人について雄弁に語る彼は、短い時間で最大限の異文化理解、すなわち人の理解をしていた。

本書はアジアを強調し過ぎただろうか。異種混淆の文化の中で一人一人の心と文化を理解しようとすれば、どのような場所であれ、自然に位置取りは決まってくるのかもしれない。

■注

1 竹内好「中国人のある友人へ」『方法としてのアジア』創樹社、一九七八年、(『近代文学』一九五〇年五月号掲載)
2 Barry,K., Female Sexual Slavery: Understanding the International Dimensions of Women's Oppression, *Human Rights Quarterly*, 3-2 ,1981, pp. 44-52
3 Rich,A., *Blood, Bread, and Poetry, Selected Prose 1979-1984*, New York:W.W.Norton,1986 日本語訳『血・パン・詩』大島かおり訳、晶文社、一九八九年、p.82
4 子安宣邦『「アジア」はどう語られてきたか――近代日本のオリエンタリズム』藤原書店、二〇〇三年、p.38
5 「平成二二年度海外修学旅行実施状況」(公益財団法人全国修学旅行研究協会HPより二〇一八年一〇月三〇日検索)によると、韓国(一四八校)、中国(一三二校)で海外修学旅行の件数(四五八校)の六一%を占める。台湾は六校で第九位(一・三%)。
6 河田悌一「もっと知るべき国――台湾」(『京都新聞』朝刊、一九九八年、三月一八日)『中国を見つめて』一九九八年、研文出版、p.80-81
7 高橋萌子・服部圭子・武知薫子・酒匂康裕「長期交換留学における大学生の学び――韓国の大学単位取得のカリキュラム」『異文化間教育』四八、二〇一八年、p.88
8 小森陽一『ポスト・コロニアル』二〇〇一年、岩波書店
9 前掲、子安宣邦『「アジア」はどう語られてきたか――近代日本のオリエンタリズム』p.38
10 本橋哲也・成田龍一「ポスト・コロニアル「帝国」の遺産相続人として」Young.R.J.C. *Postcolonialism. A very short introduction.*Oxford : Oxford University Press, 2003 日本語訳『ポスト・コロニアリズム』岩波書店、

二〇〇五年、pp.217-218

11 竹内好「日本人のアジア観」『日本とアジア』ちくま学芸文庫、一九九三年、p.93（竹内好評論集第三巻『日本とアジア』一九六六年の文庫版）

12 前掲、小森陽一『ポスト・コロニアル』p.18

13 Freire.P. *Pedagogy of the Oppressed*. New York:The Continuum Publishing Compan,1970 日本語訳『新訳 被抑圧者の教育』三砂ちづる訳、亜紀書房、二〇一一年、p.236

14 Young.R.J.C. *Postcolonialism. A very short introduction*. Oxford：Oxford University Press,2003 「日本語版への序文」日本語訳『ポスト・コロニアリズム』本橋哲也訳、岩波書店、二〇〇五年、p.viii

15 Young.J. *The Vertigo of Late Modernity*, London;SAGE Publications,2007 日本語訳『後期近代の眩暈——排除から過剰包摂へ』木村ちがや・中村好孝・丸山真央訳、青土社、二〇〇八年、p.19

16 二〇一六年一二月に始めた西日本新聞のキャンペーン報道「新 移民時代」の一環で、福岡市で二〇一七年六月に開いた公開シンポジウム「フクオカ円卓会議」の参加者を対象として実施された。

17 前掲、Young.J. *The Vertigo of Late Modernity* 日本語訳、p.18-21

18 平田オリザ「衰退期直視し戦略を」西日本新聞社編『新 移民時代——外国人労働者と共に生きる社会へ』明石書店、二〇一七年、p.41

19 平成三〇年第二回経済財政諮問会議資料四「外国人労働力について」（平成三〇年二月二〇日）内閣府ＨＰ（二〇一八年一〇月二日検索）

20 「コムスタカ 外国人と共に生きる会」は一九八五年ＮＧＯ「滞日アジア女性問題を考える会」から始まる。九〇年代には外国人の定住化の進展から国際結婚や国際離婚など相談内容が多様化し、九三年に名称を現在の名称に改称。外国籍住民の雇用、社会保障、ＤＶ等夫婦間のトラブル、教育、家族の介護、相続、人身売買被害者の救済等の問題を当事者と共に解決している。代表中島眞一郎氏。（同会ＨＰより抜粋。二〇一八年一〇月二二日検索）

21 法務省調査『日本経済新聞』二〇一八年二月一日朝刊
22 二〇一五年一〇月に約二七〇〇人だった熊本県内の実習生は二〇一七年一〇月に約四五〇〇人と急増。人手不足が背景にあるとみられ、対象外の作業をさせられるといった問題も表面化している。熊本県によると、熊本地震で約四万三〇〇〇棟の住宅が全半壊した。二〇一八年三月時点で復旧したのは半数に満たず、道路や河川の損壊箇所も四〇〇〇以上確認されたが、工事が必要な土木・建設作業員の需要は依然として高い。熊本労働局によると、建物解体や鉄筋の組み立てといった建設・土木関連工事の有効求人倍率は二〇一六年四月の三・三一倍に対し、二〇一八年四月には六・七一倍と倍増した。(web版『産経ニュース』二〇一八年八月一四日。二〇一八年八月一五日検索)
23 前掲、Young.J. *The Vertigo of Late Modernity* 日本語訳、pp.177-178
24 Loomba.A. *Colonialism-postcolonialism*, New York : Routledge.1998 日本語訳『ポスト・コロニアル理論入門』吉原ゆかり訳、松柏社、二〇〇一年、p.22
25 前掲、本橋哲也・成田龍一「ポスト・コロニアル「帝国」の遺産相続人として」pp.213-228
26 前掲、子安宣邦、『「アジア」はどう語られてきたか——近代日本のオリエンタリズム』p.23
27 陳光興『脱帝国——方法としてのアジア』丸川哲史訳、以文社、二〇一一年、p.23-38
28 同右、p.231-232
29 陳光興「日本語版へのまえがき——蠢動する植民地の亡霊」『脱帝国——方法としてのアジア』前掲、p.7
30 前掲、陳光興『脱帝国——方法としてのアジア』pp.36-38
31 竹内好「方法としてのアジア」丸川哲史・鈴木将久編『竹内好セレクションⅡ——アジアへの/からのまなざし』日本経済評論社、二〇〇六年、p.20(一九六〇年国際基督教大学アジア文化研究委員会主催「思想史方法論講座」にて「対象としてのアジアと方法としてのアジア」と題し行った講演筆記)
32 鄒佩蘭「我所見到的女教授」台灣查某編著『台灣女生留學手記』台北:玉山社、二〇〇〇年、p.234

あとがき

一九九四年に私が日本語普及専門家として台北に派遣された頃、現在の公益財団法人日本台湾交流協会は、財団法人交流協会という名称だった。「日本台湾」が加わったのは当時からすると画期的だ。時代の流れと、誰かの尽力の結果に相違ない。一九九九年、国際交流基金日本語国際センターの雑誌『世界の日本語教育』に筆者の拙稿が掲載されることになった時、台湾についての報告の掲載に躊躇する審査員の声を一蹴してくださったのは徳川宗賢先生だったそうだ。徳川先生はじめ、寺村秀夫先生、佐治圭三先生などが日本学の礎を築かれた大阪大学には台湾からも多くの留学生が集まり、一つの潮流となった。当時台湾の大学院生を受け入れたことのなかったある大学で、初めて台湾人の学生を正式に受け入れてくださったのは仁田義雄先生だった。学生は私が台中の大学で教えた学生だった。日台大学間の教育提携、学術交流に尽力されたのは宮島達夫先生だった。本書のインタビュー調査の対象者のうち一〇名は、その提携により留学した学生である。当時日台間に蒔かれたこれらの種は、枝葉を広げ今に至る。

二〇〇〇年に台北の大学で日本語を教えながら教育学系博士課程に入り、私も初めて留学生になった。三ヶ月は講義が聞き取れなかったが、アメリカの教育学の空気に触れ、台湾の教育界に吹いていた本土化の風を受け、新しい知識を得る時間は充実していた。中国語も拙く、教育学の知識も乏しい私を尊重し、導いてくださった先生方に、改めて感謝したい。

二〇一八年九月一四日、台湾人の旧友が大阪の地で六〇歳で逝った。輕生（自殺）だった。彼は台湾の外交官で、七月に沖縄から台北駐大阪經済文化代表處に處長（総領事）として赴任したばかりだった。六月に彼が沖縄の新聞に寄せた原稿には、沖縄の人々への謝辞と共に、かつて留学生として過ごした大阪に三三年ぶりに総領事として赴任することへの感慨が記されていた。大阪留学時代、彼は私の大学院の先輩で、私が勤務した台湾の大学は彼の母校でもあり、彼との縁は深かった。

彼が自殺したのは、九月に台風で関西空港が孤立し多くの台湾人が空港に残された時、「中国はすぐにバスを送って中国人を救出した」「空港の日本人職員が、バスには中国人だけ乗れると言った」という噂が流布し、台湾の外交部の対応がメディアやネットで激しく非難されたためだったという。後からそれは誤解だということが明らかになったが、彼の命が戻るわけでもない。彼の死を報じる台湾のニュースは、今度は台湾人のモラルを批判していたが、モラルというより、台湾人は「差異」に敏感なのだ。そして、なぜ人々は日本の空港の対応を責めなかったのか。

八月二五日に彼が送ってきた最後のラインのメッセージには、最近人気だという日本向けの観光のプロモーション動画「台湾で会おうね！（我們在台灣見吧！）」のＵＲＬが貼られていた。

二〇一八年一〇月　熊本にて

塩入すみ

本書の出版に当たっては、熊本学園大学海外事情研究所の助成を受けている。ここに記して感謝申し上げる。
また、本書の出版をお引き受けいただいた生活書院の髙橋淳社長には、丁寧な編集と美しい装丁をしていただいた。深く感謝する。

参考文献

1　日本語文献

岩男寿美子・萩原滋『日本で学ぶ留学生――社会心理学的分析』勁草書房、1988
岩崎稔・陳光興・吉見俊哉編『カルチュラル・スタディーズで読み解くアジア』せりか書房、2001
岡田敬司『「自律」の復権――教育的かかわりと自律を育む共同体』ミネルヴァ書房、2004
加賀美常美代編著『アジア諸国の子ども・若者は日本をどのようにみているか――韓国・台湾における歴史・文化・生活にみる日本イメージ』明石書店、2013
柏木惠子・北山忍・東洋編『文化心理学――理論と実証』東京大学出版会、1997
梶田叡一『自己意識の心理学』東京大学出版会、1988
梶田叡一編『自己意識研究の現在』ナカニシヤ出版、2002
紀旭峰『大正期台湾人の「日本留学」研究』龍溪書舎、2012
黄俊傑『台湾意識と台湾文化――台湾におけるアイデンティティーの歴史的変遷』東方書店、2008
国際交流基金『海外の日本語教育の現状　日本語教育機関調査・1998年（概要版）』1998
小森陽一『ポスト・コロニアル』岩波書店、2001
子安宣邦『「アジア」はどう語られてきたか――近代日本のオリエンタリズム―』藤原書店、2003
権藤与志夫編『世界の留学――現状と課題』東信堂、1991
酒井亨『哈日族――なぜ日本が好きなのか』光文社新書、2004
瀬地山角『東アジアの家父長制――ジェンダーの比較社会学』勁草書房、1996
竹内好「日本人のアジア観」『日本とアジア』ちくま学芸文庫、1993（竹内好評論集第三巻『日本とアジア』1966年文庫版）

立木康介『露出せよ、と現代文明は言う――「心の闇」の喪失と精神分析』河出書房新社、2013
陳光興『脱帝国――方法としてのアジア』丸川哲史訳、以文社、2011（底本『去帝国――亜洲作為方法』台北行人出版）
樋口直人『日本型排外主義』名古屋大学出版会、2014
本城靖久『グランド・ツアー』中公新書、1983
丸川哲史『台湾、ポストコロニアルの身体』青土社、2000
丸川哲史・鈴木将久編『竹内好セレクションII――アジアへの／からのまなざし』日本経済評論社、2006
箕浦康子『フィールドワークの技法と実際：マイクロ・エスノグラフィー入門』ミネルヴァ書房、1999
箕浦康子『子供の異文化体験――人格形成過程の心理人類学的研究（増補改訂版）』新思索社、2003
文部科学省高等教育局学生支援科『日本の留学生制度概況』文部科学省、2004
矢内原忠雄『帝国主義下の台湾』岩波書店、1988
山崎直也『戦後台湾教育とナショナル・アイデンティティ』東信堂、2002
山室信一『思想課題としてのアジア』岩波書店、2001
横田雅弘「年間を通した外国人受入れの実態調査」平成19年度文部科学省先導的大学改革推進経費委託研究、2008
若林正丈『台湾の台湾語人・中国語人・日本語人――台湾人の夢と現実』朝日新聞社、1997
若林正丈『台湾――変容し躊躇するアイデンティティ』ちくま書房、2001
和田博文・徐静波・兪在真・横路啓子編『〈異郷〉としての日本――東アジアの留学生が見た近代』勉誠出版、2017

2　中国語文献

曾玉娟『教育部公費留學返國人員之調查研究』國立政治大學教育學研究所碩士論文、1998
国立編譯館編『認識台湾（歴史篇）』台北：国立編譯館、1998（日本語訳　蔡易達・永山英樹訳『台湾国民中学歴史教科書　台湾を知る』雄山閣出版、2000
国立編譯館編『認識台湾（社会篇）』台北：国立編譯館、1998（日本語版校閲　松金公正『認識台湾（社会篇）』財団法人交流協会、

2003
黃炳煌『教育改革——理念、策略與措施』台北：心理出版社、1996
台灣查某編著『台灣女生留學手記』台北：玉山社、2000
台灣查某編著『台灣女生留學手記Ⅱ』台北：玉山社、2010
張芳全『我國與留學地主國間留學互動模式之探索暨我國未來留學人數之預測』國立政治大學教育學研究所碩士論文、1984
周祝瑛『大陸高等教育問題研究——兼論臺灣相關課題』台北：師大書苑、1999

3. 英語文献

Carspecken, P. F. ,*Critical Ethnography in Educational Research; A Theoretical and Practical Guide,* N.Y.:Routoledge, 1996,（中国語訳『教育研究的批判民俗誌：理論與實務指南』鄭同僚審訂、台北：高等教育出版、2003）
Clifford,J.,*The predicament of culture : twentieth-century ethnography, literature, and art,* Cambridge, MA: Harvard University Press,1988（『文化の窮状：二十世紀の民族誌、文学、芸術』太田好信他訳、人文書院、2003）
Denzin, N.K., *Interpretive Interactionism,* Newbury Park, CA: Sage, 1989（日本語訳『エピファニーの社会学：解釈的相互作用論の核心』関西現象学的社会学研究会編訳、マグロウヒル出版）
Denzin, N.K. amd Lincoln,Y.S., *Handbook of qualitative research* (2nd ed.) Thousand Oaks, CA : Sage, 2000（日本語訳『質的研究ハンドブック1巻　質的研究のパラダイムと眺望』平山満義監訳、岡野一郎・古賀正義　編訳、北大路書房、2006）
Freire, P., *Pedagogy of the Oppressed,* New York: The Continuum Publishing Company, 1970（日本語訳『新訳　被抑圧者の教育学』三砂ちづる訳、亜紀書房、2011）
Loomba, A. *Colonialism-postcolonialism,* New York : Routledge, 1998（日本語訳『ポスト・コロニアル理論入門』吉原ゆかり訳、松柏社、2001）
Marcus, G. E. and Fischer, M.J., *Anthropology as Cultural Critique: An Experimental moment in the Human Sciences,* Chicago: University of Chicago Press.,1986（日本語訳『文化批判としての人類学——人類科学における実験的試み』永渕康之訳、東京：紀伊國屋書

店、1989）

Phinney, J.S. and Rotheram, M.(eds) , *Children's ethnic socialization:Pluralism and development.* Newbury Park, CA: Sage, 1987

Rich,A., *Blood, Bread, and Poetry. Selected Prose 1979-1984,* New York:W.W.Norton,1986（日本語訳『血・パン・詩』大島かおり訳、晶文社、1989）

Said, E.W., *Orientalism,* New York: Georges Borchardt Inc .,1978（日本語訳『オリエンタリズム』今沢紀子訳、平凡社、1986）

Ward,C., Bochner, S. and Furnham, A., *The Psychology of Culture Shock* (2nd edition), Sussex: Routledge, 2001

Young, J. ,*The Exclusive Society: Social Exclusion, Crime and Difference in Late Modernity,* London; SAGE, 1999

（日本語訳『排除型社会――後期近代における犯罪・雇用・差異』青木秀男・伊藤泰郎・岸政彦・村澤真保呂訳、洛北出版、2007）

Young, J. ,*The Vertigo of Late Modernity,* London;SAGE Publications, 2007（日本語訳『後期近代の眩暈――排除から過剰包摂へ』木村ちがや・中村好孝・丸山真央訳、青土社、2008）

Young. R. J. C., *Postcolonialism: A very short introduction.* Oxford : Oxford University Press, 2003（日本語訳『ポストコロニアリズム』本橋哲也訳、岩波書店、2005）

本書のテキストデータを提供いたします

　本書をご購入いただいた方のうち、視覚障害、肢体不自由などの理由で書字へのアクセスが困難な方に本書のテキストデータを提供いたします。希望される方は、以下の方法にしたがってお申し込みください。

◎データの提供形式＝CD-R、フロッピーディスク、メールによるファイル添付（メールアドレスをお知らせください）。

◎データの提供形式・お名前・ご住所を明記した用紙、返信用封筒、下の引換券（コピー不可）および200円切手（メールによるファイル添付をご希望の場合不要）を同封のうえ弊社までお送りください。

●本書内容の複製は点訳・音訳データなど視覚障害の方のための利用に限り認めます。内容の改変や流用、転載、その他営利を目的とした利用はお断りします。

◎あて先
〒160-0008
東京都新宿区四谷三栄町6-5 木原ビル303
生活書院編集部　テキストデータ係

【引換券】

ロケーションとしての
留学

著者略歴

塩入　すみ

（しおいり・すみ）

東京学芸大学教育学部卒業。大阪大学大学院文学研究科修士。大阪大学大学院文学研究科博士課程、台湾国立政治大学教育学系博士課程。文学博士（熊本大学）。
熊本学園大学准教授。

主な著書、論文に
「台湾の大学における日本語教育の現状と課題―日本語専攻の学科を中心に―」『世界の日本語教育―日本語教育事情報告編―』5、国際交流基金、1999年
『現代日本語文法11・複文』（共著）くろしお出版、2008年
「外国人研修生・実習生と日本人の相互イメージの形成」JSPS科研費、2018-2019年　他

ロケーションとしての留学
――台湾人留学生の批判的エスノグラフィー

発　行―――― 2019年3月15日　初版第1刷発行
著　者―――― 塩入すみ
発行者―――― 髙橋　淳
発行所―――― 株式会社　生活書院
〒160-0008
東京都新宿区四谷三栄町6-5 木原ビル303
ＴＥＬ 03-3226-1203
ＦＡＸ 03-3226-1204
振替 00170-0-649766
http://www.seikatsushoin.com
印刷・製本―― 株式会社シナノ

Printed in Japan

ISBN 978-4-86500-091-7

定価はカバーに表示してあります。
乱丁・落丁本はお取り替えいたします。